中华先烈人物故事汇

# 朱瑞

军事科学院解放军党史军史研究中心

学习出版社

## 中华先烈人物故事汇《朱瑞》编委会

# 目 录

Contents

# 引 子

朱瑞是老一辈无产阶级革命家，中国人民解放军炮兵的创建人。他智勇双全，光明磊落，顾全大局，勇于开拓，兢兢业业，为中国人民的解放事业献出了宝贵的生命。

朱瑞，1905 年 9 月 13 日出生在江苏省宿迁县一个富裕的家庭。早年在徐州、南京参加进步学生运动。1924 年夏加入中国社会主义青年团，当年秋，考入广东大学。1926 年 2 月到莫斯科中山大学学习，1927 年秋入莫斯科克拉辛炮兵学校学习。1928 加入苏联共产党，后转为中国共产党党员。

1930 年年初，朱瑞回国任中共中央军委参谋、中共中央长江局军委参谋长兼秘书长等职，在白色恐怖中坚持地下斗争。1931 年年底，朱瑞奉命撤往中央苏区，先后担任红 15 军、红 3 军政治委员，率部战水口、克安乐、取宜黄，屡建奇功。1932年12月，任红5军团政治委员，率部参加第四、第五次反“围剿”，战功卓著。1934年1月当选中华苏维埃共和国中央执行委员会委员，同年8月调任红1军团政治部主任，长征途中任红一方面军政治部主任。他坚定地站在党中央一边，同张国焘的分裂主义作斗争，为胜利完成长征作出了积极贡献。到陕北后，朱瑞率部参加了东征、西征等战役。

1936年12月，朱瑞任红二方面军政治部主任。抗日战争全面爆发后，先后任中共中央北方局军委书记、组织部部长，负责八路军同国民党第一战区和河北省的统战工作，后调任八路军驻第一战区联络处处长，从事对国民党军将领的统战工作，同时指导恢复整顿中共直南、豫北特委，在晋豫边区、太行南区等地创建抗日游击队。他亲手创办华北军政干校，培养了一批抗日军政干部，为创建晋冀豫抗日根据地作出了贡献。

1939年5月，朱瑞任八路军第1纵队政治委员、山东军政委员会书记和中共中央山东分局书记。他发动群众，积极发展人民抗日武装，加强党和政权的建设，率领山东军民粉碎了日军的扫荡和国民党顽固派制造的反共高潮，巩固发展了山东抗日根据地。

1943年，朱瑞赴延安参加整风学习。1944年后，参加中共六届七中全会和七大的筹备工作。1945年夏，他谢绝了中央军委副总参谋长的职务，主动向中共中央提出从事建设人民炮兵的工作，被任命为延安炮兵学校代理校长，为人民炮兵发展培养了一批骨干力量。

抗日战争胜利后，率领延安炮兵学校师生赶赴东北，先后担任东北民主联军后方司令员、东北军区炮兵司令员兼炮兵学校校长。在此期间，他奋勇开拓、缜密筹划，迅速地建立起一支强大的炮兵部队，在实践中提出了适合人民军队特点的一系列战术原则，为东北解放战争的胜利和建设现代化人民炮兵作出了巨大贡献。

1948年参与辽沈战役的组织准备工作，10月1日，朱瑞亲自指挥炮兵部队攻打义县县城，身先士卒，不幸触雷光荣牺牲，时年43岁。

朱瑞是解放战争时期战场上牺牲的我军最高将领，中共中央在唁电中指出：朱瑞同志在中国人民解放军的炮兵建设中功勋卓著，今日牺牲，实为中国人民解放事业之巨大损失。中央特致深切悼念，望转告全军，继续为革命战争的彻底胜利而奋斗，以纪念朱瑞同志永垂不朽。

# 01 求知求学求索路

## 侠义少年郎

位于中国华北大平原南侧的淮北平原，湖泊密布、河道纵横、交通便捷，优越的自然环境、丰富的物产资源和繁荣的经济发展，养育了一方人。著名的骆马湖横跨江苏省宿迁和新沂二市，湖的南岸，有一个小镇叫埠子集，是南北交会之地，河湖汇聚之所，因河而兴，又有鱼米之利，云集了南来北往的许多商贾政客。历史上，虽因黄河多次决口农田被淹，湖泊淤积，但这个集市却始终延续着它的繁华，成为江苏省宿迁市西南方圆百里有名的商业中心和农副产品集散地。

1905 年 9 月 13 日，中国人民解放军炮兵部队的奠基人朱瑞就出生在这里。朱家曾是一个大家族，尽管传到朱瑞的父亲朱兴顺这一代时家境有些萧条，但尚有田地百亩，加上朱兴顺平日行医治病、乐善好施，母亲为人淳朴、勤俭持家，生活过得比较殷实，在埠子集一带也算得上书香门第、大户人家。

朱瑞在兄弟姐妹中排行第五，上有一个哥哥、三个姐姐，下有一个妹妹。由于朱瑞的伯父早故，其家无后，他哥哥从小就过继给伯母作儿子，因而，朱瑞在家中，实际成了唯一的男孩，自然受到父母的格外宠爱。

小的时候，朱瑞总喜欢缠着父母给他讲故事，岳母刺字“精忠报国”、戚继光英勇抗倭寇、文天祥为国慷慨就义等故事，不知听了多少遍，他却总是听不够，有时村里来了说书先生，他更是场场不落地去听，尤其爱听那些“孤臣孽子”“忠贞节烈”的人物故事，每每听到动情处，还会为故事中人物的不幸遭遇而失声痛哭。稍长一些，他还常跑到过路的客商那里听些外面新奇的故事。

这一时期，正是清王朝封建专制统治覆灭前

夕，孙中山领导的资产阶级民主革命蓬勃发展的历史大转折时刻。南来北往的行商、客旅，经常会把远方大城市发生的新鲜事带到这里，那些“立宪运动”“革命党”等新奇消息，引起了朱瑞的极大兴趣。

邻村有一位姓孙的长辈，人们都说他曾经和孙中山一起干过革命党。后来，他回到家乡在区立小学教书，依旧不忘宣扬孙中山领导革命的道理。朱瑞对孙老师十分崇拜，经常到他那里听孙中山领导革命的故事，有时还问这问那，虽然无法理解革命及革命党的深奥道理，但心中“总觉此事非比寻常”。不久，孙老师因宣传革命而被迫辞职，朱瑞感到非常失望，孙中山领导革命的那些事，始终在他心中挥之不去。1918 年，朱瑞考入县立高小读书。他在如饥似渴地学习新知识的同时，总爱思考平日里看到的那些社会上不公正的现象。小小少年的心中常被一些难以理解的问题困惑：为什么这世间的一切不都像自己家中那样和和美美？为什么有些同学衣着华丽、盛气凌人，有的同学却家境贫寒、衣衫褴褛、食不果腹？为什么会有这么多的不平等?

为了寻求答案，朱瑞寄希望于书本、小说等文学作品之中。《岳飞传》《七侠五义》《水浒传》中的侠义壮举，似乎给了他很多启示。每当看到有人寻衅闹事，借故欺侮贫穷和弱小同学的时候，朱瑞就把自己当成小说中的侠士，勇敢地站出来打抱不平，挺身站在贫者、弱者一边，路见不平、仗义出手。

渐渐地，朱瑞认识到，不平等、不公平的事，不仅表现在同学之间，更存在于社会之中和国家之间。他开始关注时事，关注世界上其他地方发生的事情。他读报，关心欧洲战事的发展；他看书，开始关注劳农苏俄、虚无党、过激党和列宁革命学说，这些新奇的名词和理论，给他的思想带来巨大的冲击。他也想干“革命”，也想像孙中山那样做一个“革命党人”，去铲除社会上的不公，消灭人与人之间的不平等，驱赶那些在中国横行霸道的帝国主义列强。

正当朱瑞思想急剧变化、救国救民之心开始萌发的时候，1919 年，五四运动的洪流波及了埠子集这个苏北小镇。只有14岁，正在高小五年级读书的朱瑞积极投身这场伟大的反帝爱国斗争之中。多年以后回忆起这段历史时，他说自己很快就成为一个“激烈的、突出的、狂热的爱国主义分子”。

他带头参加学校及城镇的罢课、罢工斗争，走上街头进行演讲，发动游行示威，揭露反动当局的卖国行径，还和同学们一起到各商号检查商品，搜查日货、焚烧日本产品。在这次疾风暴雨的运动中，他第一次感受到了中国人民团结的力量，增强了斗争的信心和勇气，思想上受到了从未有过的洗礼。

第二年夏，朱瑞以全班第四名的优异成绩，于县立高小毕业，随后考入徐州培心中学就读。

徐州地处全国交通要冲，受五四运动的新思想新文化影响较深，知识界思想活跃，政治氛围浓厚，这对于渴求进步、追求真理的朱瑞来说，如鱼得水。他积极参加学校及社会上的各种活动，交流思想、讨论问题，结交了一大批志同道合的进步青年。他们常常聚集在一起，讨论《三叶集》《独秀文存》和瞿秋白的“社会科学讲义”，交流对《向导》《新青年》《孙文学说》的看法和体会。共产主义、共产党、无政府主义、列宁、巴枯宁等新鲜词成了他们挂在嘴边的流行语。

1921 年春，正当柳绿花红、春风和煦之时，朱瑞等几十位中学生，应培心中学马汝良的邀约，来到徐州市中心的荷花池快哉亭。马汝良是徐州西关人，他思想超前、观点激进，又经常到各个学校去宣传《向导》《新青年》等进步刊物的文章，因而成了进步学生的领袖和联络人。这些同样不满封建思想文化，憎恨社会不公，热烈追求新文化、新思潮，渴求进步的青年人，在马汝良的召唤下，聚集在一起，热烈讨论对时局的看法，交流着各自学校的情况，最后还共同提议要成立一个徐州进步青年的组织，以便团结广大青年群众，向反动势力展开斗争。

朱瑞就读的培心中学，是美国传教士开办的一所教会学校，不仅教学内容陈旧，学校管理也刻板严苛，经常发生体罚、打骂学生的事情。1922 年 5 月的一天，一位低年级学生因外出没有请假，回校后遭到校方人员无情的毒打。这件事像一根导火线，把学生中长期以来郁积的不满、怒愤之火点燃了。

朱瑞知道后，立即发动本班同学起来罢课，要求校方公开向挨打学生赔礼道歉，保证今后不再发生类似事件，并废除体罚制度。罢课风潮很快蔓延至全校，其他各班学生纷纷响应。一时闹得校方下不了台。校方害怕事态扩大，于是宣布提前放假，还勾结徐州警备司令陈调元，调军警进校，把学生强行赶出校门。

培心中学的这次学潮，在徐州各校轰动一时，影响很大。后来校方开除了60多名学生的学籍，作为“首要分子”的朱瑞，自然也在开除之列。但他并不后悔，他对身边的同学说，这是他做的一件非常痛快的事情。

这年秋天，朱瑞来到南京钟英中学上高中。由于他学习成绩非常优异，不但学校领导和科任教师喜欢他，同学对他也格外敬重。在这里，朱瑞就像一只初生的牛犊，指点江山、挥斥方遒，无所畏惧地抨击时政。他曾模仿唐代文人骆宾王《讨武曌檄》的笔调，写了一篇《拟孙文讨贼檄》的文章，痛快淋漓地斥责北洋军阀的暴政，深得全校师生的赞许。

1924 年 6 月，朱瑞两年的中学学习即将结束，在毕业典礼上，江苏督军齐燮元也派代表赴会。学校为了在督军代表面前炫耀学校育才成绩，特地挑选学习成绩最优异的朱瑞作为毕业生代表，在毕业典礼上作英文演讲。

朱瑞觉得用英文演讲，虽然形式新奇，但观礼的人当中能听懂的太少，他要把这一次演讲当作在钟英中学进行的最后一次革命宣传。为了扩大影响，他坚持用中文演讲。校方拗不过他，只好答应。

朱瑞没有按照校方的旨意为当局歌功颂德，而是以犀利的文字、流畅的口才，饱含深情地猛烈抨击时政。他一一列举当今社会的黑暗，吏治的腐败，历数当局不修水利、不顾民生，弄得民不聊生、灾疫流行的现状，深刻揭露当权者借赈灾之名乘机搜刮，中饱私囊等事实。他的演讲有理有据，切中要害，气得督军代表坐立不安，这也让在座的老师和同学一片叫好的同时，都替他捏了一把汗。朱瑞也因此在南京钟英中学声名大振。

## 矢志求索梦

朱瑞中学毕业后，在选择读什么样大学的问题上，与家人有不同的见解。在他的心里，上大学是为了探寻真理，一定要投考培养革命者的大学。

学长兼好友马汝良向他推荐了上海大学。这是一所由共产党人陈独秀、李大钊筹办，邵力子、邓中夏、瞿秋白等人参建的一所新型大学。近代政治家、教育家、国民党爱国将领于右任为校长，孙中山曾任该校的名誉校董，并提议把上海大学办成“以贯彻吾党之主张，而尽言论之职责”的革命学校。上海大学虽建校才两年，却有着“武有黄埔、文有上大”的美誉，是许多进步青年向往的学校，自然也成为朱瑞梦寐以求的地方。

然而，对于朱瑞的家人和亲友而言，上海大

学并不是国立大学，远不如国立东南大学名气大，而且国立东南大学的学生号称“一登龙门，身价十倍”，毕业后不愁没有好的前程。所以，朱瑞的家人认为，即便考不上国立东南大学，也要投考其他国立大学，那些探求革命真理，寻求强国之路的想法，都是不稳妥的，求仕达之途，谋发财之道才是正路。

就在朱瑞与家人为升学一事意见发生分歧之时，广东商学师范改名为国立广东大学（孙中山逝世后改名中山大学），传来招生的消息。朱瑞从报上获悉此讯，真是喜出望外，同时也获得了家人的认可。

当时的广东是革命的策源地，也是全国进步青年向往的地方，因而到广东求学，亦是朱瑞“朝暮所希望而未能实现者”之地。就这样，朱瑞凭借扎实的功底，一考即中。

1924 年秋，伴着绵绵秋雨，朱瑞抱着无限希望，走进了广东大学，被编在法学院预科学习。

然而，现实却让他大为失望。在校长邹鲁的控制下，广东大学上下气氛沉闷、思想守旧，教员中甚至有几个封建思想意识很浓厚的老翰林，空气中都弥漫着腐朽的味道。

朱瑞在失望之余，并没有就此消沉，而是暗下决心，哪怕只能靠自学，也要把那些进步的知识和道理学到手。于是他把主要精力，用在寻找进步书籍，自行研读学习上。一方面，他泡在图书馆，把所有能找到的有关进步理论的书目都找出来，制订读书计划，准备分期分批进行系统的研究。另一方面，他发动身边的同乡、同学、朋友，通过各种渠道，去收集普鲁东、巴枯宁、拉萨尔等人的有关著作，并把他们的理论主张同马克思主义进行比较、对照，弄懂他们之间的分歧所在。

这一次，朱瑞下决心要彻彻底底地弄清社会主义学说各门各派的思想界限，找到自己的信仰之路。通过一年多的艰苦学习、研究，他的思想出现了新的飞跃。

如果说，以前朱瑞的进步思想，来源于朴素的爱国感情，那么这时，他已从浑浑噩噩的状态中解脱出来，确立了对马克思主义的信仰。

随着理论的透彻，他开始自觉地向中国共产

党组织靠拢，并在党的领导下，积极地参加广东大学的各种学生运动。

1925 年五卅运动爆发，广州各界纷纷响应，广东大学的进步师生也要求上街游行示威，声援上海工人阶级的斗争，竟遭到学校当局的阻挠。

一向勇立潮头的朱瑞，这次又被同学推举为学生代表，同其他班级的代表一起，前往院部交涉。在这次运动中，朱瑞态度坚定、义正词严，以“国民党是革命党，党办的学校为什么要压制学生的反帝爱国游行”为斗争的切入点，有理有据、气势如虹地驳斥了校方种种不实观点。校方代表哑口无言，只好同意学生上街游行。

这个时候，意气风发的朱瑞没有想到，命运齿轮的转动，会把他推向一个更为遥远的梦中国度。

在孙中山去世后，苏联决定以孙中山为旗帜，创办一所学校，为中国革命培养干部，并成为今后密切中苏关系的纽带。1925 年 10 月，莫斯科中山大学正式成立，并成立招生委员会。开始招生的消息一经传出，就在中国国内引起一股热潮，广州、上海、北京、天津等城市上万名青年踊跃报考，蒋介石之子蒋经国、邵力子之子邵志刚、李宗仁内弟魏允成、张发奎弟弟张发明、邓演达弟弟邓明秋、于右任女婿屈武纷纷进入这所大学学习，正在黄埔一期学习的邓文仪、左权等人也想尽办法投考。投考莫斯科中山大学，一时成为投身革命的象征。

朱瑞在学校布告栏看到招生的广告后，没有丝毫犹豫，就立即去填写报考名单。招生考试就在广东大学举行，分政治审查、笔试、口试，全部通过才能录取，当时仅广东的考生就有上千人，而莫斯科中山大学首次招生数量只有 300 人左右，竞争十分激烈。

朱瑞通过政治审查这一关后，笔试考题对他来讲就非常轻松了。以他在广东大学的刻苦学习成果，完成《什么是国民革命？》这样一篇文章绰绰有余，但最难的一关是口试。

口试由国民党高级官员主试，着重关注时事政治、形势任务等方向，主要考察学生的政治倾向和应变能力，如果没有很好的表达能力和日常对时事的关心，要想得到这些显赫人物、权威考官的认可，是非常困难的。当时有许多学习很好的人，因为怯场和紧张，结结巴巴说不出话而名落孙山。

朱瑞口试的主考官是谭延闿和陈公博。谭延闿是民国时期著名的书法大家，中山陵碑亭石碑和黄埔军校的匾额都出自他的手笔，在当时国内政坛上是赫赫有名的人物。陈公博官至国民党中央党部书记，是一位引人瞩目的政坛大员。

当他来到这两位主考官面前时，心里也是一阵紧张，好在很快就镇静下来。在常规的几个小问题之后，考官抛出了真正的难题。

陈公博问道："你来说一下共产主义与三民主义有什么区别？"

朱瑞胸有成竹地回答："就目前阶段来说，共产主义和三民主义的目标是一致的，都是要解决社会问题。但是，两者的手段不同，共产主义是以革命手段解决社会问题，三民主义是以改良手段解决社会问题。"

谭延闿和陈公博对视一眼，谭延闿问："那你认为以后国共两党能不能合作到底呢？"

朱瑞闻之心里一紧，知道这才是今天口试的核心问题，也是对每个考生的核查重点。虽然莫斯科中山大学是苏联共产党办的，但学生可是国民党选拔推荐的，这其中自然就有一个政治倾向性的问题。对于这些国民党考官而言，才华横溢追求上进的学生有很多，但能为我所用才是最重要的衡量标准。

虽然这时正是国共合作时期，但一年多的学习，已经让朱瑞对国共两党的政见分歧看得一清二楚。面对这样的问题，直面挑战，开诚布公地抛出自己的想法肯定不行；讲道理、论观点，和这两个国民党高级官员探讨理论，属于关公面前耍大刀，他一个年轻学生的功底还很薄弱；不说实话，曲意奉承的事，以朱瑞的性格又做不出来，而且在朱瑞的心里，还是存着国共合作到底、携手救民强国的美好愿望的。

朱瑞思考了一下，郑重地说出了自己的答案："我认为，在现在的中国，国民党很好，共产党也很好，两党合作尤其好，只要两党的领导者能够精诚合作，领导得好，能够合作到底。"

两位主考官对于朱瑞的答复表示满意，彼此相视点头。朱瑞顺利通过了面试。

12 月 4 日，广州珠江口码头上，人头攒动，熙熙攘攘，年轻的留学生们站在甲板上与亲友们挥手告别。一群群海鸥盘旋鸣叫，蔚蓝的大海就在前面，朱瑞忘却了离乡的惆怅，心中充满了对未来的憧憬。

## 留学苏联

1926 年 2 月，朱瑞进入莫斯科中山大学学习。为了这些学生的安全，按照学校的要求，他给自己起了一个苏联名字——西尼（Cule Hull，强有力的意思）。

莫斯科中山大学坐落于莫斯科市沃尔洪卡大街 16 号，就在世界著名的莫斯科基督救世主大教堂的对面。这座建筑是十月革命前一个俄国贵族的官邸，屋顶浮雕华美，室内吊灯堂皇，每一间房屋

都高大敞亮，有餐厅、教室、图书馆，还有花园、篮球场、排球场、溜冰场，教学设施齐备，周围环境幽静优美。

学生的必修课是俄语，其他课程还有社会主义史、中国革命运动史、俄国革命运动史、中西方革命史、辩证唯物主义和历史唯物主义、列宁主义、联共（布）党的建设等。

对于朱瑞这些新来的学生，面对的第一个难题就是语言关。

朱瑞原来学的是英语，而且基础比较好，还在南京读高中时已能用英语演讲。英语与俄语虽然属于两种不同的语种，但毕竟还有许多共同点，可以触类旁通，因此，朱瑞虽然没有学过俄语，但比起其他人要更容易一些。当然，他爽朗的性格和刻苦学习的精神，也为他带来了更多善意的帮助，而且带来了一段美好的感情。

勤能补拙，笨鸟先飞。朱瑞本来起点就不错，而且他比别人更加刻苦用功——勤记、勤读、勤背，加上他还有一个特点，就是他不怕别人笑话自己“半通不通”的俄语。

为了提高会话能力，他经常主动同教员对话。当时，教他俄语的是一位年轻漂亮的女教师，名叫丽雅，性格热情而稳重。对朱瑞这个积极向上、认真学习的高大青年非常关心，只要朱瑞登门请教，她总是热情接待，悉心指教，耐心细致地辅导他学习俄语，使他的俄语成绩突飞猛进。

在一次俄语摸底测试中，题目是中译俄的翻译，翻译内容随意。朱瑞翻译了胡汉民的《三民主义与中国革命》，他用了整整一天的时间，先把中文译成英文，然后再把英文译成俄文。

丽雅看了他的翻译稿后，惊叹不已，她把朱瑞的译稿拿给另一位教师看，嘴里不住地叨念着："奇迹，真是奇迹！"

那位教师看完后，也连声称赞："了不起，真是奇迹！"

鉴于朱瑞的俄语水平，任课教师向学校建议把朱瑞升入俄语第一班，直接听俄语讲课，3 个月后，又转入第七班学习。

第七班是除了翻译班之外，中山大学里俄语水平最高的一个班。也正是在这段时间，他和丽雅在学习中相互了解，在生活中彼此欣赏，最终摩擦出爱情的火花。这是朱瑞的初恋。几年以后，朱瑞回到国内后，正值中国革命最黑暗的时刻，有很多人背弃了自己的理想和信念。远在莫斯科一直惦念朱瑞的恋人丽雅就此专门写信，郑重地提醒道："朱，你将来可是不要叛变才好。"而收到信的朱瑞，也暗暗立誓会坚定自己的信仰。

第七班人才荟萃，国共两党许多著名人物都在这里学习。邓小平、左权、傅钟、李卓然、潘自力、滕功臣、林柏生、郑于瑜、谷正纲、康泽、邓文仪、李秉中等，他们在一起学习、探讨和争论，也使朱瑞更加清醒地认识到国民党和共产党的不同之处，从而更加坚定了他跟共产党走的坚强决心。不久，经丁祝华、薛萼棠、郝惊涛 3 人介绍，朱瑞加入了苏联共产主义青年团。

1927 年夏，朱瑞以优良的成绩毕业。恰在此时，国内形势发生急剧变化，共产国际根据中国共产党的要求，在留学生中挑选共产党员、共青团员和表现好的左派青年，继续留在苏联学习军事，以便将来回国后更好地从事武装斗争。

莫斯科市郊列佛多沃的步兵学校附近，准备留下来的中国学生编成了4个连，进行基本军事教练和射击教练，学习各种战术、战斗动作。在两个多月学习中，身材魁梧的朱瑞，总是精神饱满，情绪高昂，特别能吃苦，受到同志们和教员的一致好评。让他没想到的是，这次野营训练相当于入学考核，只有那些表现优异的学员，才有机会到苏联各中等军事学校学习专业军事知识。

在秋风送爽的时候，朱瑞被选派到莫斯科克拉辛炮兵学校学习炮兵技术。他听到这个消息后，既兴奋，又有些紧张。当时，炮兵虽然还没有获得“战争之神”的美誉，但毫不影响炮兵部队在各国军队中的重要地位。当时在各种军事学科中，炮兵是一个非常热门的专业，由于杀伤力巨大、技术复杂、协同要求高，能被录取到这门专业学习的人，都是综合素质极为出众的人。

克拉辛炮兵军官学校位于莫斯科的列佛多沃区，是一所久负盛名的军官学校，在沙俄时代就是培养炮兵军官的摇篮。学校环境优美，设备齐全，以训练严格、淘汰率高著称。校长是一位颇负盛名的前沙皇将军，教官也大多是具有实战经验的各级指挥员。

炮校的良好条件，进一步激发了朱瑞学习的热情，他以空前的热情学习功课，抓紧一切时间伏案埋头钻研。担任战术理论教员的库兹涅佐夫上校非常喜欢这个用功读书的中国小伙子，经常在课下教授朱瑞实战经验。

一次，在讲到炮兵兵器发展的时候，同学之间产生了争论，有些人认为炮兵技术最重要，射程远、威力大、打得准就是胜利的根本。还有一些人认为，装备只是赢得胜利的基本条件，不能一概而论。双方争执不下，各有各的道理，谁也说服不了谁，于是库兹涅佐夫上校将这个问题作为思考题，让大家课下研究讨论。

朱瑞对这个问题也很感兴趣，他泡在图书馆里查看了几天的资料，还是没弄太明白，就和往常一样找库兹涅佐夫上校求教。一进门，他就开诚布公地说："坚船利炮的作用确实很大，中国有句古话叫'工欲善其事，必先利其器'，还有一句话叫'磨刀不误砍柴工'，总之武器好确实有好处，但好的装备就能决定一切吗？我这个还没想明白，希望老师能给我解惑。”

库兹涅佐夫上校是经历过第一次世界大战严峻考验的老兵。在战争初期他就是炮兵上尉连长，在血与火的战场上整整战斗了4年时间，耳朵都被炮声震聋了。他不仅实战经验丰富，理论造诣也很深，很注重理论联系实际，这次给大家出这个问题来讨论，就是促进大家的思考。

对于朱瑞的到来，库兹涅佐夫上校并不感到奇怪，这样一个好学上进的年轻人，让他仿佛看到了自己当年的影子。他并没有直接回答朱瑞的提问，而是先倒了两杯伏特加，招呼朱瑞在壁炉边坐下来，慢慢地回忆当年和德军作战的经历。

他说，在一次战役中，德军无论在炮火和步兵实力方面，都比俄国军队强大得多，但俄军炮兵采取伪装、转移、隐蔽主力阵地，声东击西等巧妙办法，终于使德军发生判断错误，将炮兵主阵地暴露给俄军，结果几十门大炮顷刻间被俄军炮兵摧毁，德国步兵因失去炮兵掩护，只好狼狈逃窜。

最后，他意味深长地说：“交战双方的装备、兵力固然重要，但能否打胜仗，还要看指挥员在战场上的临场发挥和应变能力，也就是指挥员的聪明才智，只要指挥员能因时因地灵活应变，指挥得当，是可以以弱胜强的。”

这次谈话给朱瑞留下了深刻的印象。他不再只满足于课本知识，而是用更多的时间去关注炮兵作战的战史战例。从最早的炮兵战术著作米哈伊洛夫的《战事·炮兵及其他军事科学条令》到巴尔斯科夫的《俄国炮兵对世界大战的准备》，从《红色炮兵和装甲兵》到《炮兵文集》，他都进行了认真的学习和研究，作了详细的摘录和笔记，提出了在诸兵种合成作战中，炮兵必须与步兵、骑兵紧密配合、协同动作；炮兵火力必须集中使用，配置在战场决定性的方向上；炮兵在战场必须巧妙伪装实施战地机动，以达成进攻的突然性等新的认识。这些探索和研究，为他后来建设人民炮兵奠定了坚实的理论基础。可以毫不夸张地说，莫斯科克拉辛炮兵学校，是使朱瑞成为人民炮兵奠基人的摇篮。

朱瑞在学校的表现，受到大家的一致称赞。他不但学习成绩优秀，政治上也积极要求进步。

1928 年 6 月，由莫斯科中山大学校长米夫和教员阿尔哥、波古烈也夫介绍，朱瑞加入了苏联共产党。

1929 年 7 月，朱瑞在毕业考试和实弹射击中均获得了第一名，受到炮兵学校的嘉奖。随着国内战事扩大，中共中央决定从在苏联学习的人员中抽调一批熟悉军事的人员回国到东北筹建军委，开辟革命根据地。朱瑞被批准回国。

02

# 信念弥坚 勇立潮头

## 艰难的归国路

1929 年 9 月 18 日，朱瑞告别心爱的恋人，告别敬爱的师友，从莫斯科出发，取道欧洲，辗转回国。与他同行的还有陈家齐、滕功成二人。

按照惯例，从苏联返回国内都是走远东这条路线，先是横穿西伯利亚到海参崴，再经陆路回国。由于当时正值中东路战争，这条归国路线难以保证安全，因此无法通行，他们只好取道欧洲回国。

德国首都柏林是回国路途的第一站。因为要办理护照，朱瑞等人需要在这里停留两个月。1929 年

10 月初的柏林，还是一派繁荣景象，古老的柏林城到处都是名胜古迹和景色宜人的公园，勃兰登堡门和著名的女神四铜马、博物馆列岛、哈克庭院点缀其中，令游人流连忘返。朱瑞和他的同伴漫步街头，衣着讲究、举止优雅。他们对外的身份是来此度假的阔家少爷，在外人看来很是悠闲惬意，但他们无心欣赏这些美景，天天盼着能尽快拿下护照，赶紧启程回国。在他们的心中，最大的愿望就是不要露出什么破绽，赶紧回到国内，投身火热的革命斗争之中。他们在煎熬中等待了两个多月才拿到护照，旋即动身离开柏林，取道意大利，途经地中海、红海、新加坡、中国香港、中国台湾等国家和地区，于 1930 年 1 月回到上海。

按照事先的约定，朱瑞三人住进了上海先施公司的东亚酒楼，等待上海党组织派人来此和他们取得联系。可是，在这里连续住了半个多月，他们都没有等到约定的接头人，这样的意外情况让朱瑞感到很是不安，他心里恨不能立即奔向火热的战斗前线。

一天，他心情沉重地和其他二人商量："我给共产国际也发了电报，现在也没有消息。我们不能总在这里被动地等下去，现在的经费也不够了，这里房费又这么贵，实在不行，我建议分头活动，通过各自的关系设法与组织取得联系。”

陈家齐、滕功成两人也都同意朱瑞的提议。大家商定各自行动的方向，并约定了下一步碰头的时间、地点。

朱瑞与陈家齐、滕功成分手后，立刻乘火车赶往徐州。在他的内心里，首先想的就是阔别 4 年多的同窗好友马汝良。这位志同道合的好朋友，在他求学道路上的几次抉择关头，都给了他极大的支持和帮助，指引他走向进步。朱瑞把这位心向革命的老同学，当作这次找到组织、找到党的最大希望。

朱瑞一下火车，就兴冲冲地赶到马汝良的家。好半晌，屋里才传来一个沙哑的女声：“是谁呀？”

“您好，我是马汝良的同学啊，我叫朱瑞。”

门轻轻地打开了一道小缝，一位中年妇女探出头来，疑惑地打量了一番后说道：“马汝良不在家，出去做事了，你有什么事吗？”

朱瑞连忙回答：“哦，是这样的。我刚到徐

州，想见见老同学，他什么时候回来？”

妇女迟疑了一下说：“我也不知呢，要不你留个条子，等他回来，我交给他。”

朱瑞没有多想，就把自己准备住宿的旅馆名字、地址都写好，并留言：“甚是想念，盼望一聚。”

当夜，朱瑞在热切的等待中见到了急忙赶来的马汝良。老同学一见面分外高兴，两个人拥抱在一起，又跳又笑，仿佛回到了意气风发的中学时期。

朱瑞拉着马汝良的手，刚坐到桌边，张嘴就说：“汝良啊，我这一次回来就只能靠你了，这些年你在徐州这边参加的革命活动肯定很多，能不能给我介绍一下徐州这边共产党的情况，我真的有急事，拜托老同学了。”

听闻朱瑞的话，刚才还兴致高昂的马汝良脸色一下子变了，迟疑了半天才问道：“你，你跟共产党闹革命了？”

朱瑞立刻感到情况有些不对。他虽然没有太多的地下斗争经验，但在莫斯科期间也曾经与国民党、托派分子作过面对面的斗争，政治敏感性还是有的，这种情绪的变化，他曾在好几个不坚定的人脸上见过。

马汝良说："徐州这边共产党的人我倒认识几个，只是已经很久没见到了，不知道还能不能找得到。你找他们干什么？你参加他们的组织了吗？我记得你不是早就加入国民党了吗？现在可不能跨党啦，这可是要杀头的啊！"

话说到这个份上，朱瑞知道不能再透露更多的事情了。时代在变，人也在变，必须了解这位老同学的真实立场后，才能再谈寻找组织的事。于是，他截住话头，把自己去广州读书，后来又出国的事情简单说了一下，巧妙地把话题引到过去一起读书的快乐时光上。

相谈甚欢之下，朱瑞忽然问："汝良，我们都是好同学，我也是刚回国，工作也没什么着落，想着你当年带着我一起搞革命，多快意的事啊，所以还想让你给我引个路。"

马汝良迟疑一下，叹了口气说："不瞒你了，我也是给这闹革命害的，大半年前被人检举了，关了小半年，还是家里托了不少人，用钱疏通才放出来。我现在是哪儿也不敢去了，出门就有人盘问，时不时的还有人到家里检查，真是没法过日子了。”

说着说着，马汝良激动起来，拉着朱瑞的手说：“我可没有出卖同学、出卖一块闹学潮的人啊，真的什么都没交代。只是，唉！你没在里面待过，是不知道啊，在里面的日子太难熬了，他们下手太狠了。朱瑞啊，你听我的劝，以后也别闹革命了，你从外国回来，找个好工作，安安心心地过日子吧，那些什么主义啊、革命啊，都太虚了！”

朱瑞敷衍地点着头，他知道，徐州已经不能久留了。

两个人又说了一会儿话，马汝良起身告辞，临行时问朱瑞：“你准备在徐州住几天？”

朱瑞笑着说：“好不容易见到老同学，怎么也要多住几天啊，就是不知道你方不方便？”

马汝良喃喃地说了句，“方便，方便，怎么会不方便呢？明天我再来看你，到时再约几个同学一起为你接风。”说完，两个人又拥抱了一下，马汝良才告辞而去。

朱瑞站在旅馆门口，目送老同学的身影消失在夜幕之中。他转身回来，急忙找到茶房问道：

“伙计，这时候还有回上海的车吗？”

正打哈欠的茶房闻言一激灵，试探道：“这位先生，您不是下午才住进来的吗？现在就走啊，这房钱……”

朱瑞明白，这茶房是担心自己少给钱，就说：“没办法，刚收到东家的消息，家里库房着火了，这货没法收了，要赶紧回去。你放心，这房钱一分不少的。”

茶房这才放下心来说：“一会儿就有一趟夜车回上海，您要是着急走，现在就过去，可能还来得及。”

朱瑞回房取了行李，就匆忙赶往车站，在开车前5分钟上了车，就此离开了徐州，从此再也没有见过马汝良。多年以后，他听人说起，马汝良确实没有出卖朋友，也没有做不利于革命的事，只是他个人就此消沉，不再热心革命事业。

朱瑞由徐州返回上海后，继续通过各种途径寻找党组织。这期间，他确实也碰到过不少过去的同学、朋友，其中有些人在大革命期间也曾活跃过一阵，但随着革命从高潮走向低潮，这些当年的活跃分子大多沉沦消极了。他们害怕斗争的残酷，恐

惧反动当局的屠刀，对革命失去了信心。

有一个老朋友对他说：大革命失败后，共产党一蹶不振；现在是国民党掌权，天下大势已定，再斗争也没用了，何必去干那种没有希望的冒险事情呢？还有同学苦口婆心地劝他放弃政治，改行经商，甚至约他合伙做生意。

1930 年 3 月下旬的一天，朱瑞走在街头寻找组织新的线索，突然望见邓颖超正陪着一位老妇人说话。他欣喜若狂，连忙迎上去叫了一声“邓大姐！”，邓颖超也认出了朱瑞。他们来到僻静处，朱瑞向邓颖超说明了自己的情况，并托她代为转告组织。不久，在邓颖超的帮助下，中央组织部很快就派联络员把他们接到了军委机关。

## 到最危险的地方去

1930 年 5 月，全国红军代表会议在上海召开，朱瑞参加了这次大会。大会结束后，刚到军委工作不久的朱瑞，受命前往鄂豫皖苏区传达有关会议精神。

这时，白色恐怖笼罩全国，各种反动势力相互勾结，到处都在大肆捕杀革命党人和进步人士。武汉《铲共半月刊》公开宣称，要实行严厉的屠杀政策，以白色恐怖制止赤色恐怖。

朱瑞在鄂豫皖苏区逗留了 3 个月，贯彻中央的决定，完成了红一方面军的整编任务后，奉命经武汉返回上海。为方便行事，朱瑞装扮成汉口和记蛋厂的执事，带着一名地方干部和一名交通员同行。一行人走到孝感三岔埠时，遇到当地民团设卡盘查。民团看见他们是从苏区方向过来的，就有些怀疑。但是见朱瑞一身洋装，坐在滑竿上派头十足、气度不凡，所以又不太敢动粗，就借口附近有土匪闹事，不太安全，请他们几个暂时住下来，第二天派人护送他们通过。

朱瑞见此情况，知道硬闯是不可能了，就顺势住了下来，准备见机行事。晚上，简单吃了一点东西后，他们 3 个人就在屋里聊天。朱瑞听到窗边有窸窸窣窣的声音，知道这是有人在外偷听，就赶忙给另外两个同志使了个眼色。

其他两人心领神会，那位地方干部故意大声发牢骚："朱老哥，你说说，现在这地面上也是真不太平啊，回头可真要跟大老板说说，以后别来这地方收蛋了，钱挣再多都没命重要啊！"另一位交通员也随声附和。

朱瑞故作生气状，大声训斥道："胡闹，我看你们俩是不想干了，你看看，这外面不是有这么多的团勇吗，三两个土匪怕什么！"

他喝了口水，接着又说："咱们出门在外，和气生财，人家这些老总也是职责所在，保境安民嘛，态度生硬点也没什么大不了的，兵嘛，还能跟馆子里跑堂似的会来事？明天不是还要派人送咱们吗，等回去，一定要和衙门上的高司令说，让他好好褒奖一下这个地方的团勇。"

另外两个人都点头称是，几个人又装模作样地开始聊起这几年的生意。

聊了一会天，大家分别睡下。将近午夜的时候，一阵敲门声响起，民团的一个头目带着几个团勇走了进来。他们一进来，就跟朱瑞赔礼道歉，拍着胸脯说，白天是下面的人莽撞了，让朱瑞他们几个千万别介意，到了武汉可不要跟上面的老爷们告状。

朱瑞也客气了几句，使劲地夸奖民团关心商旅，维护地方治安，功劳不浅。

就这样，第二天一早，他们顺利通过关卡。等到没有外人时，朱瑞一问车夫才知道，昨晚民团的人还把车夫都分别审问了一遍。

得知这些，大家哈哈大笑起来。这些民团的人虽然狡猾，又是偷听，又是审问，却不知道这些车夫也都是当地的农协会员，出发前早就对好了口供。而且朱瑞走南闯北、见多识广，一番应对下来，做得滴水不漏，怎么会被这些民团的人看出破绽。

朱瑞回到上海后，就听说在他去苏区这 3 个月的时间里，武汉形势日益严峻，汉口宵禁，武汉三镇反动当局实行“斩令十六条”，仅在和记蛋厂门口，就当众杀害了几十位革命同志。当时被派往武汉工作的人中，都流传着这样的一句口头语：“扛着棺材去武汉。”

这时，中共中央决定向武汉长江局派一批干部。本来朱瑞回国才半年，地下斗争的经验还不丰富，党中央在考虑人选时，并没有把他放到人选之列。但当他看到这种情形时，便自告奋勇地要求到武汉工作。

朱瑞专门找到时任中央军事委员会书记的关向应，郑重地说："我从回国后，还没有做什么工作，如果能去武汉工作，一方面，可对党的事业多作一些贡献；另外一方面，也能够更全面地锻炼自己。"此时，中央正准备派关向应到长江局任书记，他听了朱瑞的请求后，对这种知难而进的精神十分赞赏，立即同意了。

这一次，朱瑞是抱着牺牲的决心去武汉的。临行前，他给长兄写了一封与家人诀别的信，因为不能泄露党的秘密，他就在信中写道："我到远方，生死难卜，以后不再向家中通信了。"

10月底，朱瑞到了武汉，组织上任命他为长江局军委参谋长兼秘书长，隐蔽在法租界一个日本人开设的照相馆内，协助关向应主持军委的日常工作。

这时，由于叛徒宋惠和的出卖，武汉的斗争变得更加残酷，被公开杀害的革命者就多达82人，长江局军委参谋长刘云、武汉市总兵委书记陈秉刚等一大批重要干部被捕牺牲，军委长江五省联络站也遭到破坏。

鉴于武汉斗争形势日趋恶化，许多干部接连被捕和牺牲，党中央于12月17日作出决定，将武汉长江局工作人员全部撤出，只留下外交科、军委交通科与交通站，并指示关向应、任弼时、顾作霖等人尽快离开武汉返回上海。但是，因为革命斗争的需要，关向应等人都难以放下工作立即离开。

12月下旬的一个晚上，关向应、任弼时、顾作霖等长江局的领导同志正在开会，敌人在叛徒的指引下，向长江局的驻地突袭而来。

幸运的是，就在敌人到来前的几分钟，内线传来消息，关向应等人迅速从后门撤出。他们刚一离开，敌人就从前门闯了进来。形势万分危急，武汉不能再待下去了，长江局的主要领导人只好立即撤出武汉。在撤退前，关向应把长江局和武汉市委的工作悉数交给朱瑞负责，并嘱咐他一定要注意安全。

敌人破坏了长江局机关后，气焰更加嚣张，暗探的触角也伸进了军委系统内部。不久，军委的一些秘密据点也相继遭到敌人破坏，甚至连朱瑞的秘书叶福民也被捕牺牲了。

身处险境，朱瑞也预感到随时都有被敌人逮捕的可能。但在他看来，自己能在夹缝中与敌人周旋，靠的就是一个革命者的智谋和勇气，即使遭遇不幸，也是一个革命者光荣的归宿。所以，对于随时都有可能降临的死神，他毫不畏惧，更加坚定地投入工作之中。

一天夜里，他和一位同志分析敌我斗争形势时，开着玩笑说："看来，下一步该轮到我们的头上了！"果不其然，第二天，这位同志去给湖北省委送款时，被敌人跟踪，在同敌人搏斗中壮烈牺牲。

即使形势恶劣到这样的地步，朱瑞依然坚守着自己的岗位，镇定自若地指挥军委系统的同志和统战对象安全脱离险境之后，才按照党的指示，撤离武汉。

# 沥血“兵运”播火种

1931年3月的一天，原西北军的地下党员袁血卒、李肃等人来到上海二马路中国旅馆的地下室，他们是奉命前来参加兵暴训练班学习的。这个训练班的主要任务是培养和训练对国民党军队人员进行策反的骨干，训练的内容分政治、业务两方面，被选送到这里培训的人都是各地的优秀党员和军事骨干。

中国旅馆的地下室对外是个茶室，可以喝茶、打麻将。袁血卒等人都是贫苦人家的孩子，从没有出入过这样的场合，所以，他们刚到这里时，都显得有些手足无措。

这时门开了，一位身材魁梧的青年大摇大摆地走了进来。他头戴台湾式草帽，鼻梁上架着一副金丝眼镜，身着纺绸大衫，腋下夹着一把洋伞，脚上穿着一双锃亮的皮鞋，一副大学洋教授的派头。

袁血卒等人赶紧站了起来，这位青年一边招呼他们在麻将桌边坐下，一边自我介绍说：“我是来给你们上课的朱瑞，咱们今天边打麻将，边上课，不用紧张，要是紧张得打不了麻将，以后还怎么到敌人的内部做兵运工作啊。”

他轻松自如的神情和温和的态度，顿时使在场的几个人放松了下来，他们也学着朱瑞的样子，一边码着麻将牌，一边聆听着他的讲话。

朱瑞一边教他们打牌，一边介绍着训练班的情况：“上海是国民党和反动势力的大本营，这里的华界和租界的军警宪特、巡捕包探都是勾结在一起的，如果没有一个正当而且充分的理由，咱们几个这样频繁的长时间的聚会，肯定会招来暗探的目光，那样的话就会有暴露的危险。”

朱瑞接着笑眯眯地说：“麻将嘛，不仅是娱乐的工具，也是掩护咱们的工具，更是你们未来在国民党军队里接触那些军官的重要途径，我们共产党人学习本领，不仅是兴趣，也要服从党的工作需要。”

听了他的话，袁血卒几个人都重重地点头。

在培训期间，朱瑞详细讲授了党的方针政策、国内国际局势，重点分析了国民党第 26 路军当前的处境和内外动因，确定了下一步兵运的工作方针、对策。

他告诉参加学习的学员："你们这次到江西去的任务，中央的决定是争取国民党第 26 路军到红军的队伍中来。目前，第 26 路军中，存在着直接革命的因素，胜利的大小就要看你们去江西的努力了。"

他要求学员到部队后先进行观察，看准人之后再交朋友，直至拜把兄弟。必须结交那些出身贫苦，为人正派，讲义气又勇敢的士兵，然后逐步帮助他们提高觉悟，从中选拔培养骨干。

他深入浅出地分析："士兵都是穷苦人出身，容易接受普通的革命道理。可以在谈心的时候向他们说，粮食是我们老百姓种出来的，房屋是我们做工的人盖起来的。为什么我们种田、造房的工农兄弟反而吃不饱、穿不暖、没房住，还要去讨饭、卖壮丁？为什么地主老财不种地、不造房，却吃不完、住不完？就是因为我们种的粮食、造出的房子被他们剥削走了。”

接着，朱瑞又进一步指出：“为什么我们受苦的人多，地主老财人少，却要反受他们剥削呢？根本原因就是，他们有军阀、官府的支持，他们有政府，有军队，手上有枪，操纵生杀大权，可以抓穷人、关穷人、杀穷人。”

“我们穷人要想翻身过好日子，要同地主老财作斗争，也必须有自己的军队。红军是共产党领导的军队，替穷苦人打江山，是同地主老财和蒋介石作斗争的。我们士兵都是苦出身，应该帮助自己的兄弟姐妹打老财、打老蒋，不应该受他们的欺骗，去打红军。你们要把这些道理讲得步步深入，顺理成章，这样的话士兵是能够接受的。”

在课上，他反复嘱咐：“一定要在士兵有了一定的认识之后，才可以交给他们一些工作，要先做一件事情，过些时候再做第二件，循序渐进，千万不要着急。要在工作中去考察人，表现好的吸收他们参加党的组织，再通过他们去团结别的士兵。搞士兵运动，最重要的是要看准人，如果选错了人，自己掉脑袋是小事，党的工作受损失是大事。”

朱瑞又耐心地说道：“兵运工作不单单要讲道理、做工作，还要多动脑子、想出点子。我给你们讲个故事吧。有一个从事兵运工作的同志，看到国民党士兵见了蒋介石的像都要立正，他就偷偷地在厕所的墙根处画了一个蒋介石的像，这一下闹出笑话了，士兵上厕所见了蒋介石的头像，就赶忙立正，因为不立正就会被军官训斥。但是在上厕所时立正，实在是一个令人没法严肃起来的事，这样一来，蒋介石的形象和威信，自然就在士兵的心目中降低了。”

大家听了之后，都哈哈大笑起来。多年以后，袁血卒回忆这段培训经历时，感慨地说：“这些问题，经朱瑞同志这么一讲，心里一下就亮堂了，时间都过去 50 年了，可他讲的内容，前后顺序，我都还清清楚楚记得。”

训练班结束时，学员们依依难舍这位足智多谋的朱教员。朱瑞亲自给学员们送去了活动经费，并告诉他们同党组织接头的地点和联络暗号。临别时再三叮嘱：“如有情况需要向中央请示报告，可写信给复旦大学的章学森收，他会把信件转给我。如遇紧急情况，来不及向中央请示，你们可以直接去同红军联系，就说你们是中央军委朱瑞派来的。”

袁血卒等人来到第26路军后，按照朱瑞教授的办法，积极团结官兵，进行宣传鼓动工作，收到了良好的成效。1931年12月14日，第26路军1.7万多名官兵，在军参谋长赵博生、旅长季振同、董振堂等人的带领下，举行了震惊中外的宁都暴动，投身革命的大潮中，成为红军队伍中的一支劲旅。

朱瑞在训练班工作了10个月，先后培训了几百名兵运工作骨干，其中直接由他派到国民党各部队和兵工厂做兵运工作的就有六七十人之多。

1931年4月，中共中央特科负责人顾顺章被捕后叛变，供出了大批党的地下机关和同志，党中央和周恩来立即决定，将一批无法在上海立足的同志撤退到中央苏区。10月，朱瑞奉命离开上海，前往中央苏区，先后任中国工农红军总司令部科长、红军学校教员、红3军政委等职。

# 任红五军团政委

国民党原第 26 路军在宁都成功起义后，被改编为中国工农红军第五军团，季振同任军团总指挥，肖劲光任军团政委，董振堂任副总指挥兼第 13 军军长，赵博生任参谋长，刘伯坚任政治部主任。部队经过短期整改后，即投入战斗，先后协助红三军团攻打赣州，跟随东路军连续打下龙岩、漳州等地，又配合友军在南雄水口阻击粤军，击溃粤军 15 个团，赢得了“能打硬仗、打恶仗”的威名。

1932 年 12 月，朱瑞接任红五军团政治委员一职。

听说朱瑞要来当政委，红五军团的领导人董振堂、赵博生、刘伯坚等人非常高兴，一同到总部前面的路口迎接。

在宁都暴动之前，赵博生就已多次从特支同

志的口中听说过朱瑞的名字，并知道自己的入党问题，是通过朱瑞报请党中央批准的。宁都起义后，朱瑞曾到红五军团办过学习班，与董振堂、赵博生、刘伯坚在一起研究过工作，彼此都留下了深刻的印象，建立了深厚的友谊。这次老朋友重逢显得格外亲切。大家簇拥着朱瑞，一齐来到办公室。

还未坐定，董振堂就说："朱政委，总算把你给盼来了！说句心里话，自从肖政委离开后，我们军团没有政委，我这心里就像没了主心骨一样，简直是寝食不安呐！"

朱瑞笑着说："不是还有刘主任在嘛，天塌下来他顶着……"

赵博生紧接着说："现在好了，朱政委来了，又有刘主任，我和老董心里的一块石头总算落地了，踏实多了。"说完开怀大笑，笑得是那么的憨厚、开心。

朱瑞诚恳地说道："我刚来，情况不熟悉，虽然以前也在五军团待了几个月，现在部队、干部都有了很大变动，整个部队的情况已今非昔比了。今后在工作上，你们要多指点，特别是在作战方面，董总指挥打了几十年的仗，是行家里手了，应该当我的老师。”

董振堂接过话：“朱政委，你别客套了。你的情况谁不知道。水口一战，你可是挥舞着大刀冲到第一线的，打得陈济棠现在都缓不过劲。攻打宜黄，俘虏敌兵1000多人，咱们红3军就伤亡40多人，这一仗打得漂亮啊！今后，咱们这个部队你当家，我听你的。在打仗方面，我是多扛了几年的枪，可那是在旧军队，没有多少道道。红军的战略战术，神奇莫测。这一年多我跟着毛主席、朱总司令他们学了一点，还没有入门，这方面你比我更内行，今后我们多研究就是了。”

在座的众人闻言都笑了起来。

朱瑞说：“我也是毛主席、朱总司令的学生，也要多学习啊。只是水口一战，还是打得太惨烈了。”

大家想起了在那场战斗中牺牲的许多同志，一时心情都很沉重。

沉默了一会后，朱瑞对刘伯坚说：“刘主任，你是我们党和红军政治工作的老前辈了，对部队情况又熟悉，在工作上你要多指导、帮助哟！”

刘伯坚以长者的风度，对朱瑞亲切地说：“你的情况瞒得了别人，可瞒不了我。你这个克拉辛炮兵学校的高才生，我是一清二楚的。在工作上你不必谦让，党把这支部队的掌舵权交给你了，你就大胆地把它承担起来。你是政委，在工作上有什么指示和想法，就告诉我，具体工作我来做。当好你的助手，这是我老刘义不容辞的责任。”

刘伯坚随后又向朱瑞介绍了红五军团的改编情况，以及各级干部的军政素质和存在的问题。他特别指出，这支部队经过龙岩、漳州、水口等战役的锻炼，整体面貌已经有很大改观，各项政治工作制度已经建立，具有相当的战斗力。他们还谈论了部队建设的一些问题，直到凌晨才各自休息。

1933 年 1 月 3 日，红五军团部召开团以上干部会议，会议由董振堂主持，朱瑞在会上作了关于红军宗旨问题的简短讲话：“红五军团自从弃暗投明、投入革命的怀抱，加入红军行列以来，在毛主席和朱总司令的领导下，就一直攻无不克，战无不胜。这就提出了一个问题，同样是一支部队，人还是原来那些人，枪也还是原来那些枪，为什么以前在国民党军那边同红军作战时，打一仗败一仗，屡战屡败。而参加红军以后，再同国民党军作战时，就打一仗胜一仗，屡战屡胜呢？最根本的问题就在于两支军队的宗旨、性质不一样。”

朱政委这个逻辑清晰、道理深刻的讲话，给大家留下了深刻的印象，大家都觉得，这是他送给红五军团最好的“见面礼”。

朱瑞到任后，指挥红五军团在草台岗配合红一、红三军团，消灭了被称为蒋介石的“冠军”部队的第 11 师和第 9 师的一个营。经过黄陂、草台岗两次战役，红军粉碎了蒋介石发动的第四次“围剿”。

1933 年 9 月，蒋介石又集中了一百万兵力，聘请德国军事顾问，向各根据地发动了新的进攻。他以五十万的兵力，采取步步为营、碉堡推进的战术，向中央苏区发动了第五次“围剿”。红五军团在黎川东北部同敌人打了一个遭遇战，击溃了前来增援的周浑元部第 36 旅。

不久，红五军团又奉命固守建宁。

建宁是中央苏区的重要屏障，蒋介石派出嫡系精锐部队进攻，使用堡垒战术，步步为营，逐步向苏区中央推进。

在敌人优势兵力的攻势下，红五军团顽强阻击敌人长达半年之久。

保卫建宁期间，朱瑞每天天蒙蒙亮就要带领部队上山占领阵地，构筑工事，防止敌军的偷袭和敌机轰炸；白天，同军团长董振堂一起指挥战斗，领导开展政治工作；晚上，要了解各部队当天的战斗情况，听取参谋人员的汇报，查看地图，确定第二天的阻击阵地、各部队的撤退路线和宿营地，给各师、团起草命令。

他亲自起草了《五军团关于保卫建宁的政治动员令》，号召全体指战员“必须用一切力量保障这一战略基地……即使战斗的一分一刻时间，也要进行战斗的宣传鼓动，煽起全体指战员高度的顽强抗战、消灭敌人的决心”。全军上下始终精神振奋、斗志昂扬。

一天，红五军团第38团有个叫王中富的连长，趁着黑夜逃跑了。部队中出现了逃兵，不仅是最可耻的行为，也是一支军队最不能容忍的事。

王中富被抓回来后，经军事法庭审判，决定第二天执行枪决。当请示送到朱瑞手中的时候，他沉思良久之后，指示工作人员把王中富带到自己办公室来。

王中富被五花大绑送到政委办公室，他一进屋，“扑通”一下就跪在地上。朱瑞叫人给他松绑，又让他坐下，然后端了一杯水放在他面前，温和地说道：“你参加暴动过来都这么长时间了，已经当上连长了，为什么还要开小差呢？究竟有什么苦衷？我希望你能把自己的真实想法都说出来。”

王中富紧闭着双唇，低着头不肯说话。

朱瑞又说：“王中富，我是记得你的，在水口战役、黄陂战斗中都是敢打敢冲的汉子，这几天的战斗，你们连伤亡很大，但战果也很大，我想你肯定不是因为贪生怕死才离开部队的，是不是？”

听了这些话，流血受伤都不曾掉泪的王中富，呜呜地哭了起来。

朱瑞走过去，拍着王中富的肩膀说："有委屈就说出来，有错可以改嘛！"

王中富止住哭声，一股脑地把自己离开部队的真实原因说了出来。原来，因为连日苦战，伤亡人数较多，连里补充进来许多新兵。他们训练时间短，步操要领还不掌握，纪律意识也很薄弱，显得整个连队懒懒散散、邋邋遢遢的。王中富看在眼里，急在心里，于是，抓紧时间组织他们进行训练。就在昨天早上，出操结束后，王中富又组织大家训练，并亲自走到队列前面做示范动作，正当他严肃认真、聚精会神地做示范动作时，当裤带的草绳突然断了，裤子一下掉了下来……

王中富说："政委啊，当时我整个人都懵了，战士们都哈哈笑了起来，还有人喊连长耍流氓。我真是没脸见人了，就赶紧跑回去，一天都没敢见人。俺们家也是读过书的，可丢不起这人啊！"说完，又呜呜地哭了起来。

朱瑞看着面前这个小伙子，虽然是浴血沙场五六年的将士，已成长为一连之长，但也才 21

岁，还是一个比自己小 6 岁的青年，如果没有战争，正是读书学习的年纪。

这时，王中富猛地抬起头，大声地说："政委，你枪毙我吧！我知道，红军的纪律是铁打的，但请您相信我，我就是想回老家，决不会去投白军。这是我的心里话。"

随后，朱瑞叫来警卫队队长黄镇到第 38 团了解核实情况。经核实王中富所说的情况基本属实。朱瑞听了汇报后，对黄镇说："既然这样，不能枪毙，连长是不能当了，换个地方吧，就留在你们警卫队工作吧。"

在此后的作战中，王中富一直都表现得英勇无畏，敢打敢冲。在长征途中，他为了掩护其他同志通过封锁线，舍身断后英勇牺牲。

建宁防线被敌人突破后，红五军团又奉命退守泰宁、广昌。朱瑞在红五军团工作了 20 个月，这是他指挥千军万马，鏖战沙场，出生入死的 20 个月。

1934 年 8 月，朱瑞调任红一军团政治部主任。

# 长征路上

1934年10月，由于第五次反“围剿”失败，中央红军主力被迫离开建设多年的中央革命根据地，踏上了漫长而艰险的征途。16日黄昏，朱瑞与林彪、聂荣臻、左权等人率领红一军团从根据地出发。在离开之际，朱瑞回望那片山山水水，深情地对旁边的指战员说：“同志们！由于敌人大军压境，形势严峻，为了保存革命的有生力量，以便战胜敌人，我们今天只好暂时离开为之浴血奋战的这块土地。但是，我们总有一天要回到这块土地上，革命的红旗一定会再一次飘扬在苏区的上空！”

在一个多月的时间里，部队先后突破了敌人设下的四道封锁线，但由于“左”倾机会主义的错误指挥，部队也蒙受了重大损失，红军由出发时的8万多人锐减至3万多人。

1935年1月，中央红军渡过乌江，占领了遵义城。15 日，中共中央决定在此召开扩大会议，总结第五次反“围剿”失败的经验教训，改组中央领导机构。会议上，以毛泽东为代表的党的正确领导路线重新确立，让朱瑞和广大红军指战员看到了希望，心情十分振奋。此后，通过高度机动作战，中央红军摆脱数十万国民党军的围追堵截，于 6 月中旬到达四川省懋功（今小金）地区，与 5 月初撤离川陕苏区的红军第四方面军会师。

根据中央北上的方针，朱瑞和第 2 师师长陈光率领红一军团前卫团翻过梦笔山向卓克基前进。当部队进至卓克基附近的腊脚沟时，突然遭到藏民土司武装的袭击。

朱瑞不顾危险赶到尖兵连察看敌情，了解情况。尖兵连向他报告，组织这次袭击的是小金川的土司头领，势力不大，但这个土司头领同国民党四川军阀的关系密切，他们彼此勾结，互相利用，在当地胡作非为，欺压藏民。土司头领在获悉红军要从这里经过时，竟不自量力，带领他的武装团伙和被胁迫来的藏民，埋伏在腊脚沟狭长深谷的两边，向我前卫部队发动袭击，妄图阻止红军前进，并以此向国民党邀功请赏。

为了贯彻党的民族政策，团结争取藏族同胞，不让被反动土司蒙骗来的藏民继续遭受伤亡，朱瑞、陈光决定让前卫营暂停前进，同时组织人员用藏语向对方喊话。

“藏族同胞们，我们是红军，是穷人的队伍。我们要北上打日本鬼子，路过你们这里的，不会在这里停留的，更不会同你们打仗。你们千万不要听信国民党反动派的欺骗和宣传，与红军作对。红军决不打自己的同胞，请你们给我们让出一条路吧！”

战士的藏语喊话很快就起到了作用，那些被裹胁的藏民有的壮着胆子探身张望，有的已准备后退。但顽固的土司头领却不许藏民后退，强迫他们继续向红军瞄准射击。

面对顽固的土司头领，朱瑞、陈光下令坚决反击。那些平时在藏民面前耀武扬威的土司武装哪里是英勇红军的对手。前卫营一阵冲锋，他们就夹着尾巴使劲往回跑，红军战士一气追击到土司宫前。

根据到党的民族政策，朱瑞决定采取先礼后兵的办法，派人与土司谈判交涉，争取和平解决。遗憾的是，这位冥顽不化的土司头领拒绝同红军谈判，妄想凭借坚固的土司宫负隅顽抗。

为了争取时间，尽快给主力部队开辟前进的道路，同时尽量减少部队的伤亡，朱瑞和陈光决定，连夜突袭卓克基及土司衙门。

卓克基土司宫坐落在风景秀丽的小金川畔，由前后左右 4 栋高楼组成，后楼 6 层，前楼和左右楼都是 4 层。五六米的宫墙全是用大理石砌成的，在这个穷乡僻壤的山村中，显得格外雄伟壮观。

朱瑞看到眼前的景况，指着面前的土司宫和附近藏民的住房，对指战员们说："你们看，在我们面前就存在着天堂和地狱。在这荒野的穷山沟，土司头领能盖起这么豪华富丽的宫殿，不知要榨取多少藏胞的血汗和骨髓，难怪许多普通藏民只能同牛羊住在一起。这说明，阶级剥削和阶级压迫在哪个民族都一样存在。藏族奴隶主对藏民的压迫剥削，比起汉族地主老财更是有过之无不及。他们中的许多人，都和国民党反动派及地方军阀相勾结。我们面前的这个土司，就是四川军阀豢养的一条走狗。为了保证主力部队的顺利前进，今晚我们一定要把这座人间地狱攻下来。”

这次战斗，师长陈光决定由第 6 团来完成。

天渐渐地黑了下来，9 时许，在漆黑的山川间，几颗耀眼的照明弹突然腾空而起，把整个土司宫照得如同白昼。那些土司武装从来没有见过照明弹，一个个吓得魂不附体。他们看到红军的阵地上升起了一颗颗耀眼的火球，都以为红军是在施什么高超的法术，顿时慌乱一团，纷纷躲避和逃散。6 团战士趁机发起进攻，毫不费力地占领了卓克基和这座土司宫，为主力部队打开了前进的通道。

8 月 17 日，为了让部队有足够的思想准备，增强必胜的信心，顺利地穿越草地，朱瑞在红一军团政治工作会议上，专门作了一次关于过草地的动员报告。

他说：“我们今天为什么要过草地，受这么大的苦呢？归根到底，就是为了全国劳苦大众的解放，为了苏维埃的伟大事业……红军战士是天底下最能吃苦、最不可战胜的力量，强大的敌人我们都不怕，难道还会被这草地所难倒吗？……我们一定要有坚定的信心，跟着朱、毛走出去。”

在过草地的日子里，朱瑞身先士卒，他的马不是让给伤病员骑，就是给战士们驮枪、驮背包。行军休息时，他总是到处查看，了解情况，看到有的干部、战士情绪低落了，就找他们谈心谈话，鼓舞斗志。

指战员们每每见到他不知疲倦、奔波工作的身影，都深受鼓舞。有的战士眼含泪花说：“首长，您别只顾我们了，您不是和我们一样行军、作战、吃苦吗？您也该休息一下呀！”听到这话，朱瑞总是笑着摆摆手说：“我个子比你们高，身体壮，没关系的。”说完，就又忙工作去了。

进入草地后，摆在红军战士面前最突出的问题是没有粮食。进草地前，朱瑞曾要求大家要准备好 7 天粮食，实际上部队收集不到这么多的粮食，给养带的不足。在最困难的日子里，他要求各连队把粮食集中起来，统一管理，均匀着吃，同时发动大家找蘑菇、挖野菜。

一次，朱瑞端着半碗蘑菇煮野菜汤，诙谐地说道："蘑菇可是好东西，营养价值高得很呢，大家吃了肯定有劲，好走出草地！"

有些同志饿得走不动路了，他就鼓励说："同志们，再坚持一下，加把油，听说前面就有粮食。"其实，前面是否有粮食，他心中是有数的。为了唤起战士们的生存本能，激发他们的革命意志和坚强毅力，他不得不这样说。

由于食物奇缺、环境恶劣，许多红军战士献出了宝贵的生命。有的走着走着，突然眼前一黑，一头栽倒在地，就再也没有站起来，从此留在茫茫的大草地里。他们走得安详，走得壮烈，走得无怨无悔，因为他们深知自己是为千百万受苦受难的穷苦人求翻身、谋解放而倒在通往胜利的征途上。他们别无所求，在最后的时刻，只希望身边的战友们能记下自己的名字、籍贯，希望有一天能告诉他们的家人，让那些惦念自己的亲人知道自己是为苏维埃事业而牺牲在长征路上的。

朱瑞理解这些英勇无畏的战士。他沉痛地对负责殿后收容工作的直属队负责同志说："遇到这种情况，你们一定要对他们说：‘同志，你已经为革命尽到了最大的努力了。你们没有走完的路，我们一定替你完成，请你们放心。’一定要记下他们的姓名，部队番号，家乡地名和亲人的名字，对他们的亲人和部队好有个交代。”

朱瑞患有严重的胃病。在漫漫长征路上，由于风餐露宿、忍饥受冻，他的胃病发作得一次比一次厉害。生活上，他始终严格要求自己，从来不搞特殊化，即使偶尔碰到改善伙食的机会，也总是多方推脱，把难得的机会让给别的同志。

刚走出草地时，军团直属队搞到了四头肥猪、十几只鸡，还有一些纸烟。有人建议分别给首长们送一份。熟悉朱瑞脾气的人说，朱主任一定不会接受。于是商量了一个请朱主任来同大伙儿一起“吃小灶”的办法。当炊事员把饭菜做好，派人去请他时，他说同志们一路上很艰苦，难得有这么个机会，确实应该好好在一起高兴高兴，但说完，他又借口有事情急于处理，谢绝了大家的好意。

1936 年元旦，朱瑞在《战士报》“新年献词”一栏里发表了《艰苦的一年，伟大的一年》一文，全面总结了红军长征以来所经过的艰苦历程和所取得的伟大战绩，特别是遵义会议以来，红军在毛泽东领导下所取得的一系列辉煌胜利。文章写道：“这一年，我们经历了闽、粤、赣、湘、桂、黔、滇、川、康、甘、陕十一个省，历时二百六十余天，行程两万五千余里。”

“这一年，我们在党中央和毛主席领导下越过了巍巍雪山，跨过了茫茫草地。我们战胜了困难，也战胜了张国焘的机会主义。我们以一双脚，一支枪，百战的身躯，完成了人类空前伟大、艰苦、神圣的远征！”

# 03 抗日烽火 不畏艰险

## 搭牌坊促统战

1936年6月上旬，红一军团进驻宁夏的固原、海原、同心一带。为了顺利打开西征的通道，同时争取驻守在西北地区的东北军参加到抗日的行列中来，朱瑞遵照周恩来和彭德怀的指示，同邓小平一起，以清水河畔的七营川为中心，对驻守在固原、海原、同心城周围的东北军进行统战工作。

东北军原为奉系军阀张作霖所统率。东北易帜后，被编为国民革命军东北边防军，纳入南京政

山海関
把他鄉當故鄉
不打敵人打朋友

府军系统，张学良任东北边防司令长官。九一八事变后，国民党为保存实力，命令东北军放弃抵抗退入关内。1935 年，蒋介石任命张学良为西北“剿总”副总司令，16 万东北军主力被蒋介石调至陕甘一带“围剿”红军，经历劳山、榆林桥、直罗镇 3 次战役，损失近 3 个师。广大官兵不愿继续打内战，而是盼望早日回到东北，解救遭受日本帝国主义铁蹄蹂躏的家乡父老，抗日的意愿相当强烈。

恰在此时，蒋介石又严令东北军向中共中央所在地瓦窑堡进攻，并派胡宗南部队尾随督战。为顾全大局，表达联合友军的诚意，党中央决定主动撤离瓦窑堡。

撤离前，朱瑞指示政治部宣传队，在瓦窑堡的路口用松枝搭建了一个大大的“牌坊”，上书“山海关”3 个大字，并写了一副对联：不打敌人打朋友，岂把他乡当故乡。

一个简单“牌坊”，一副呼唤灵魂的对联，起到了巨大的宣传效果。东北军的士兵路过牌坊时，个个触景生情，悲愤不已。有的低头叹息，有的泣不成声，还有的围住长官，提出集体给少帅上书，要求打回东北老家去。

没过多久，两个东北军的采购员误入红军的防区，执勤的哨兵以为是特务，就将他们关了起来。朱瑞知道此事后，立即指示解除关押，改为热烈欢迎和热情招待，并组织他们到部队参观。送他们回队时，还给他们的长官写信，告诉他们，如果需粮食，可以到我们这边来买。从此打开了互有往来的渠道，双方关系从剑拔弩张变得逐步缓和。

为抓住有利时机引导东北军官兵走上抗日救国的道路，朱瑞主动邀请东北军的军官秘密进行会面会谈，借机向他们宣传抗日救国的道理。这种会谈是非正式的，有时在野地里，有时在树林中，但在当时的情况下，尽管双方关系有所缓和，但毕竟还是敌对状态，加上蒋介石在东北军各部都派有特务人员，因此会面随时都有可能发生意外和危险。

身边的同志们都劝他，这些危险的工作可以换其他人去，不必每次都亲自参加。但朱瑞根本不听，甚至为了取得东北军官兵的信任，每次只带一两个参谋和警卫员去，把自己的安危置之度外。

一次，东北军骑兵第 6 师表示愿意跟红军接触和会谈，并派该师第16团团长童元彭作为谈判代表。

这次秘密会谈的地点，商定在清水河边的高粱地里。朱瑞带着潘振武和警卫员，乘着夜色如约而来。

见面之后，朱瑞直言不讳："东北军过去是有抗战历史的，长城各口作战，声震华夏，如果全国一致坚持抵抗，东三省可能早已恢复，日寇也决不会如此猖獗。我们是不希望打内战的，我们支持你们打回东北老家去。"

"我知道东北军的弟兄们都是爱国爱家的好汉子，连做梦都在想着打鬼子。可是，这里没有日本鬼子呀。鬼子在东北，在你们老家，在蹂躏你们的家园和亲人。"

"中华民族正处危急关头。每一个有正义感的中国人都在为国家民族的前途担忧。你们千万不要再替蒋介石卖命，应该和红军联合起来打回东北老家去！"

一席话，打动了在场所有东北军官兵的心。

童团长听了连连点头，说："共产党的抗日主张我们非常欢迎。这次我参加军官训练团的学习，少帅和杨虎城将军在讲话中都提到抗战是中华民族的唯一出路。我是东北人，我的父母还留在东北，谁不希望打回老家去呢？谁甘心当亡国奴呢？”

经过这次谈判，双方初步商定了一些合作事宜。

从此之后，两军不再兵戎相见，而是笑脸相迎，彼此往来拜访，作客谈心。有时，双方还在一起开联欢会。每当东北军来访时，彭德怀、聂荣臻、朱瑞、邓小平等领导都亲自出面相迎，还安排他们参观营房、伙房、列宁室，组织他们观看红军的队列操演和军事训练。

当东北军的官兵看到红军的武器装备是那样的落后，而军事技术又是那样的高超，部队上下团结振奋，官兵平等，亲如兄弟时，无不啧啧称赞。

正当双方关系进一步密切之时，蒋介石突然命令东北军派部队进攻豫旺堡，解救被围困在豫旺堡的马鸿逵骑兵团。

马鸿逵是当时西北军阀“四马”之一，投靠蒋介石后，任宁夏省主席，集军政大权于一身。他顽固不化，一贯反共，执行蒋介石“进剿”红军的计划很是卖力。这次又派骑兵进攻豫旺堡，被红军击溃，合围了他两个营。

蒋介石点名要东北军进攻豫旺堡，显然是对他们同红军的关系有所耳闻，借以考验敲打，达到一箭双雕的目的。

面对这种情况，东北军方面十分为难，打吧，情谊上说不过去；不打吧，老蒋那里又无法交代。朱瑞得知此事，就找彭德怀商量，最后决定上演一出双簧戏来应付蒋介石。

数日后，东北军派出第105师去豫旺堡解围。战斗打响，第105师在飞机、大炮的掩护下，气势如虹、势如破竹，击溃数次红军的阻击，一路打进豫旺堡。在与被围的马鸿逵部队胜利会合后，又掩护其顺利撤离。更让马鸿逵手下惊讶的是，当地民众居然在路边给东北军送水、送饭、送鸡蛋，还组织慰问演出、张贴拥军标语，这是他们从没享受过的待遇。就连蒋介石派去督战的特务都觉得这次战斗打得很漂亮，连声说：“这一仗打得不错，我们一定替你们向上面请功。”第二天，国民党的报纸果然登出了“国军一仗获全胜、消灭共匪千余人”的新闻。

原来，整个作战不过是双方演的一出戏。按照事先商定好的时间，红军让出一条路，由东北军第105师按照指定的路线，朝天开枪、开炮，进入豫旺堡，红军则在周围对空射击，营造战斗氛围。朱瑞还组织群众给东北军送水送饭，又派政治部宣传队给他们唱歌演戏，起到“假打仗，真宣传”的效果，对东北军官兵进行一次实打实的政治宣传和争取工作，只是把蒋介石和他的特务们蒙在鼓里。

经过这一“仗”，使东北军的将领们大开眼界，从此之后，只要遇有蒋介石派人来检查、督战时，他们就派人过来与红军联系，商谈他们进攻时间、地点和我方退却的路线、反击的时间地点和方向。战场枪声大作，杀声震天，只不过是“军事演习”，就为做给蒋介石及其特务们看。

东北军演戏搞得兴高采烈，红军却吃不消了。因为红军的弹药有限，而且没有补给，总陪着唱戏也消耗不起。于是就跟东北军商量，以后打假仗时，只吹号、不放枪行不行。东北军的将领一听，连声说不行，还强调这是打仗，听不到枪声怎么行，再三表示不就是子弹不够吗，要多少，兄弟们送过来就是啦，咱们还是要真枪实弹地搞嘛。

## 借东风育英才

1937 年 7 月 7 日，卢沟桥事变爆发，日本帝国主义开始对中国发起全面进攻。民族危亡之际，在中国共产党的大力推动下，抗日民族统一战线正式形成。1937 年 8 月 22 日，根据国共两党达成的协议，国民政府军事委员会宣布红军主力部队改编为国民革命军第八路军，并同意设立总指挥部。25 日，中共中央军委发布命令，宣布将中国工农红军第一、第二、第四方面军和西北红军等部改编为国民革命军第八路军。

9 月，朱瑞受周恩来派遣，到国民党第一战区司令部去做统战工作。不久，他应豫北师管区司令张轸之邀，就任豫北师管区游击训练班教官。

张轸是老同盟会会员，北伐战争期间曾在国民革命军第6军任团长。当时，他在第6军副党代表兼政治部主任林伯渠的影响下，对共产党有所了解。张轸后来参加了第三党，因而受到蒋介石的排挤，只给了他一个有名无实的豫北师管区司令的空头衔，手下既无兵也无将，就是光杆司令。

面对日军入侵，民族危难，张轸不想就这样碌碌无为，他的老上司国民党要员程潜也愿意支持他扩充实力，于是就在河南新乡办起了师管区军政干部训练班，招收了一批下级军官和流亡学生，打算培养自己的军官队伍。

张轸心里明白，要说抗日，老百姓就认共产党、八路军。他请朱瑞给他办学，就是想借共产党、八路军的威望广招人才。

而朱瑞的想法是，利用张轸这个训练班的合法地位，广泛宣传共产党的抗日主张，培养抗日干部。所以，当张轸派人去聘请他时，他明确表示：请我讲课可以，薪金分文不要，但有一点必须说明，我是从八路军来的，只能讲“八路军的一套”。

张轸欣然同意，于是双方就达成了君子协定。

朱瑞在训练班主要负责讲解政治教育和游击战方面的课程。他讲课时，不但有系统的理论知识，而且有丰富的实践经验。他特别善于表达，有些课程的内容本来很枯燥，他却讲演得生动活泼、妙趣横生，学员们都很喜欢听他的课，无形中使那些国民党的教官相形见绌。

当时的豫北师管区训练班分两个队，一个军官队，一个学生队，共有 300 多人，河南省内各学校的学生居多，也有一部分平津流亡学生和上海工厂的工人，还有一部分中华民族解放先锋队队员（简称民先队），其中也有少部分中共党员，如傅大章、赵玉亭、张玉洁、杨波等人。

朱瑞利用讲课的机会，极力向学员宣传共产党的抗日主张和抗日民族统一战线政策，揭露国民党的片面抗战路线，批评国民党正规军在华北战场上的失败与溃退。

学员们对国民党军接二连三地打败仗本来就颇有微词，听了朱瑞的课后，对国民党当局的做法更加不满，积极拥护中国共产党的主张。那些刚出校门不久的青年学生，爱国热情高，思想比较单纯，他们听了朱瑞的课后，感到“就像突然长大了似的，懂得了许多道理”。

朱瑞除了讲课之外，还利用课余时间深入学员们中间，与他们交流思想，指引人生的方向，讲解抗日救国救民的道理。有一次，朱瑞与青年学员座谈时，有位学员感慨地说：“在我刚刚迈出学校门槛，走向社会的时候，思想比较迷茫。看到日本侵略者践踏我们的国土，残害我们的人民时，作为一个中国人，应该义无反顾地去与之战斗。但毕竟个人的力量是有限的，应该依靠真心领导人民起来抗日的政党和组织。听了朱老师的课，我才真正明白，谁是真抗日，谁是假抗日。我决心跟随共产党走，奔赴抗日前线，直到把日本侵略者彻底赶出中国，让中国人民过上安宁的好日子。”

为更好地在学员中开展工作，争取张轸的全面支持，朱瑞多次与张轸洽谈，表示愿同他精诚合作，支持他组织队伍，坚持就地抗日，并帮助他办好训练班。

在张轸的认可和默许下，朱瑞介绍了共产党

员刘子超来训练班担任政治教官，推荐学员中的民先队员庄林当学生队队长，并支持他建立民先队组织、发展民先队队员。经过朱瑞的一系列工作，训练班实际上变成了我们党培养抗日干部的场所。

一开始，张轸派他的参谋长秦鼎新坐镇监督，在朱瑞的热心感召和团结争取下，秦鼎新的态度比较友好，对朱瑞的工作没有过多的干涉。

不久，国民党又给张轸派来了一位姓詹的副参谋长。这个家伙做过军统特务，作战不行，反动的政治嗅觉却十分灵敏。他很快就发现训练班的气氛有些“不对头”，但说不出具体原因，又抓不到什么把柄。为了弄清缘由，这位副参谋长便从开封调来10多位复兴社的成员到训练班，美其名曰学习，实际上是掺沙子，意图对朱瑞和学员实行监视和分化。

朱瑞毫不畏惧，一面加以防范，一面发动学员通过同学、同乡等关系，去做这些复兴社学员的工作，分化瓦解并积极争取他们。

一次，他在讲课时，看到那些新面孔严肃敌

视的表情，旁敲侧击道：“有些人自命为抗战军人，却不把心思用在抗日方面，而是在抗日队伍内部挑拨离间、制造矛盾。这些人好比是宋朝的秦桧。宋有秦桧，致使岳飞不能抗金，现在，如果出现类似当年秦桧的话，我们就不能抗日。大家一定要擦亮眼睛，提防秦桧式的人物在我们的队伍中兴风作浪。遗憾的是，我们有些年轻人，眼睛不亮，受人利用，也在那里做亲痛仇快的事情，危险得很呐，赶快醒悟吧！”

那些心怀鬼胎的复兴社成员听了之后，无地自容地低下了头，也不敢肆意妄为了。由于受到训练班进步力量和爱国氛围的影响，加上学员们对他们及时的团结和争取工作，很快，他们中的一些人被争取了过来，没向姓詹的副参谋长提供任何不好的消息。这可把那位姓詹的副参谋长气坏了，他公开扬言要除掉朱瑞。

面对姓詹的副参谋长的公开挑衅，朱瑞没有退缩，他声明道：“有人不是说要暗杀我吗？那就来吧，我们共产党人从来是不怕死的。我在抗日的前线没有死在日寇的手下，我倒要请大家看看是怎样死在那些‘秦桧’手里的！”

公开的斗争使广大学员进一步认清了反动派的丑恶面目，国民党顽固派越来越孤立，共产党的威信越来越高。训练班结业时，绝大多数学员加入了民先队，有的还加入了共产党。

1937年12月底，在日军的进攻下，国民党军队逐步向黄河南岸撤退。程潜和张轸都劝朱瑞和他们一块撤走。朱瑞借口要处理善后工作，留在原地，继续以第一战区联络处处长的名义进行抗日活动。训练班的学员，按照朱瑞的指示，大多也留在了豫北地区，坚持敌后抗日斗争。

朱瑞留下后，认为应该建立一所共产党自己的学校，来培养更多的抗日干部。他的想法得到党中央的批准，于是，朱瑞开始到处联络有抗日意愿的地方士绅，积极宣传共产党的抗日主张，把培养抗战军政人才作为自己的首要工作。

他逢人就说：“现在正是我中华民族面临亡国灭种的关头。国家兴亡，匹夫有责。我们每一个炎黄子孙，都应赴汤蹈火，奋起自卫。我们共产党、八路军，誓与华北人民共存亡……”

在他的感召下，大批进步士绅有钱的出钱，有力的出力。经过一番艰苦的努力和充分的准备，1937 年 12 月，华北军政干部学校在河南辉县正式创立，朱瑞任校长。消息一传开，山西、河北、河南一带的进步青年纷纷前来报名学习。

开学之后，学员们听说朱校长是一位有名的红军将领，所以一见他就肃然起敬。但一番相处下来，觉得这位朱校长不但可敬，尤为可亲。因此，每逢他出现时，学生们都主动围拢过来，向他提出各种各样的问题。“朱校长，你说到底是朱总司令能干，还是蒋介石能干？”

“校长，是三民主义好还是共产主义好？”

“日本人的武器这么先进，咱们怎么才能打败他们呢？”

……

朱瑞深知这些青年人的重要性，他们虽然没有经过战场的锻炼和生死的考验，还有些天真，但只要用心加以引导和教育，就能培养成为我们党领导的敌后抗战的骨干力量，成为未来赢得抗日战争胜利的中坚。所以，不管学员们提出什么问题，朱瑞总是面带笑容、不厌其烦地给他们讲解，直到他们感到满意为止。

朱瑞还亲自讲授政治课和军事课。他在讲授游击战的战略战术课时，引用红军时期的许多典型战例。为了加深学员的印象，他在分析具体战例时，总是尽可能结合自己的切身体会，进行深入浅出的讲解。他不仅介绍战斗的特点、战术的运用、注意事项以及经验教训，还引导大家如何适应战斗的需要，开展战前和战场的政治工作。

他特别擅长演讲，不仅演讲的内容丰富，而且语言生动，声调铿锵有力，能够将当年红军指战员那种英勇顽强的革命精神和灵活机动的战略战术，活灵活现地再现在大家的面前，让学员有身临其境的感受。

由于战乱的原因，学校始终没有固定的校址，在不到两年的时间里，先后搬了 5 个地方，直到 1938 年晋城光复，学校又重新搬回晋城稳定下来。华北军政干校先后培养了 2000 多名学员，为我党在华北坚持敌后抗战输送了一批又一批的骨干力量。

在此期间，经身边同志的劝说、撮合，朱瑞同来自上海的纺织女工陈若克喜结良缘，成为一对革命伴侣。

## 主政山东战日寇

1939 年 5 月，为统一领导山东地区抗日武装力量，中共中央决定将第 115 师师部、教导大队和第 343 旅、山东和苏北地区地方武装整编，组成八路军第一纵队，徐向前任司令员，朱瑞任政治委员。随后成立山东军政委员会，朱瑞任书记。1939 年 5 月 5 日，朱瑞率部挺进山东，在馆陶与徐向前一行会合后，一同前往山东分局和山东纵队指挥部驻地岱庄。

刚进入根据地边区，朱瑞就感受到山东人民支持抗日的热情。傍晚时分，朱瑞在山区的一个小山村借宿，正赶上山东纵队募集队的同志在募集军鞋。

村长站在场院中间的大车架上，向一群围在周围的大爷、大娘、年轻妇女和顽皮的孩子们喊道：“乡亲们，老少爷儿们、大娘大嫂们，八路军是咱们老百姓的队伍啊，他们不顾性命天天打鬼子，但是，你们看他们连穿的鞋子也没有，咱们得帮帮他们啊！”

人们议论着纷纷散去，没过多久，他们又陆陆续续地回来了。有的手里拿着一双鞋子，有的抱着两双样式不一的鞋子，默默地放在村长身边的那辆大架子车上。不一会儿就堆满了一大车。

一位老大娘拿着一双半新的鞋过来，一边放，一边歉意地说：“别嫌弃啊，家里没有新的鞋啦，好在都是自己人！”

看到这一幕，朱瑞的泪水模糊了双眼。他对身边的同志们说：“有这样淳朴善良的老百姓，我们怎么能容忍日寇的横行！”

第 1 纵队成立不久，就遇上了日寇对山东地区发动的第一次大规模“扫荡”。敌人集中了两个师团的兵力，采用长驱直入、分进合击的战术，向鲁中山区扑来，妄图一举围歼山东分局和纵队首脑

机关。

面对强敌，朱瑞和徐向前一边组织部队整改和迎敌，一边率领警卫部队，在沂蒙山区老百姓的支持下，灵活机动地与敌周旋，经过一个多月的艰苦战斗，歼敌1000余人，彻底粉碎了敌人的夏季大“扫荡”。

1940年，日寇再一次集结2个师团和4个独立混成旅的兵力，另加8万多的伪军，以所谓军事、政治、经济联合的手段，向根据地进行疯狂“扫荡”。

3月中旬，驻扎在山东临沂一带的日军出动300多人和100多名伪军，企图向第一纵队机关驻地岱庄、孙祖一带进犯。

得到情报后，朱瑞和徐向前立即召开会议，研究对策，布置任务。

徐向前指着铺在桌上的地图说：“据可靠情报，日军正调集临沂、沂水、铜井等数处兵力，向我沂蒙山区南部扑来。他们的目的有两个：一是要捣毁我抗日民主政权，破坏沂蒙山区南部根据地的创建；二是掠夺财物，实行他们的所谓以战养战。

敌人的来势凶猛啊，我们要抓住有利时机，歼灭这伙来犯之敌，叫他有来无回。”

朱瑞接过话说道：“这一年咱们部队扩大了不少啊，可以说是兵强马壮了。按老百姓话讲，是骡子是马，该拉出来遛遛了。这次是我们检验整军成效的时候了。”说完，他一拍地图：“去年这个时候，小鬼子追着我们的屁股跑，给了咱一个下马威。这次送上门了，可不能放过去。现在请徐司令员下达作战命令。”

徐向前指着地图说：“敌人这次的行动路线是过荆山，经孙祖，穿九子峰，继续向南。我们准备把主力放在九子峰，给敌人以迎头痛击。敌人受挫后，必然强攻，担任阻击的部队要坚守阵地，给以狠狠打击。敌人的嚣张气焰被打下去之后，必定会退守孙祖，这时我们就要集中优势兵力，乘胜追击，这样敌人就只能顺着来路往回逃窜。”

他伸开两只胳膊，做了一个包围合击的动作之后，指着地图上的孙祖：“这个时候，我们就在这里把它消灭掉！”

徐向前对第二支队长孙继先说：“打阻击的任

务，由你们二支队完成。”

孙继先站起来说：“请首长放心，我们坚决完成任务！”

“好！”

徐向前接着说道：“打伏击的任务由警卫团负责。”

警卫团长站起来说：“司令员，我们警卫团去打伏击了，司令部的安全咋办？”

朱瑞笑着说：“你们打得好，把鬼子都包围起来消灭了，我们不就安全啦？”

听了政委的话，屋子里的人都哈哈笑了起来。

孙祖，是沂南县西南部的一个小集镇，它北依荆山，南靠九子峰。九子峰，就是地势沿东南到西北的走向有一道连绵起伏的山岭，岭上有 9 个像手指一样的小山峰。在孙祖与九子峰之间，横贯着一条小沙河。这里山道崎岖、沟壑纵横、地形有利，是打阻击的好地方。

第二支队到达九子峰后，迅速进入阵地，做好了一切战斗准备。

3 月 16 日，日伪军在岱庄、大平进行了扫荡抢劫后，进入九子峰第二支队的预伏阵地。支队长一声令下："打！"顿时，各部队轻重武器一齐开火，枪声大作，火光四起，手榴弹也像长了眼睛一样直向敌群投去。

日伪军被这突如其来的伏击，打得惊慌失措，慌乱中连忙进行还击。八路军居高临下，许多日伪军刚一露头就被击毙。战斗一直持续到下午，敌人顽抗的枪声稀疏下来，孙继先果断下令发起总攻。高亢的冲锋号响起，战士们发起了总攻。

日伪军残部见大势已去，急忙向铜井方向逃窜，结果刚逃出不远，便遭到警卫团和地方武装的伏击，大部被就地歼灭，仅有数人借夜色落荒而逃。

孙祖战斗胜利的消息，像春风一般，很快吹遍了远近村落，吹向了整个沂蒙山区。

战斗结束后，纵队机关在孙祖召开祝捷大会，表彰英雄、悼念在战斗中英勇牺牲的烈士。参加大会的有各救亡团体、妇救会、自卫队和驻防的八路军，以及这次在孙祖战斗中英勇杀敌的战士们。广场上人山人海，红旗招展。纵队政委兼中共山东分局书记朱瑞在讲话中说道:“最近,我们山东八路军和地方武装取得了三个大胜利;一是在孙祖,消灭了鬼子一百多;二是在临朐,收复了冶原,打死敌人一百多;三是在白彦,击毙鬼子三百多。短短几天内,我们消灭了五六百敌人。”

他的讲话,不断被一阵阵热烈的掌声和欢呼声打断。

“我们的胜利,除了部队官兵英勇善战外,山东的人民群众作出了重要的贡献。战斗打响后,孙祖附近的人民群众,自发地组织起来,有的直接参加战斗,和战士们一起并肩杀敌;有的参加担架队、运输队、情报队,帮助部队抬送伤员,送茶送饭,侦察敌情。所以,胜利既属于英勇的八路军战士,也属于英雄的山东人民。”

朱瑞继续深情地说道:“高庄有位老大娘,是出名的拥军模范。敌人的炮弹已打进了她的村庄,她仍坐在灶台前安详地烧着水。有人劝她赶紧离开,她却说:‘我不走,前线的同志没有水喝怎么打仗呢!’”

“还有铁峪村的田大同志,当他看到我们的部队打阻击时，就不顾一切地跑过来参加战斗，最后光荣地牺牲了。”

“我参加了乡亲们为他举行的追悼会，乡亲们为田大同志编了一个歌谣，我在这里给大家唱一遍：三月里来麦青青，八路军大战九子峰，英勇的田大也参了战，铁峪的南山显了威风，拼命流血战日寇，为人民解放壮烈牺牲……”

朱瑞最后大声地说：“咱们打胜仗，百姓是靠山。有了咱们老百姓的支持，我们一定可以把日本鬼子赶出山东，赶出中国去！”

朱瑞的讲话，引起了在场军民的群起响应。“坚决抗战到底！”“打倒日本帝国主义！”的口号声响彻全场。

## 躬身妇女解放运动

1940 年，全国抗战面临新的形势，国民党当局对抗战最坚决的八路军、新四军，不仅拒绝给予粮弹供应，而且不断挑起摩擦，推行“溶共、防共、限共、反共”的政策。面对敌伪顽交错的复杂局面，山东抗日根据地要生存，要发展，就必须紧紧依靠广大人民群众。因此，发动广大人民群众起来参加抗战，成为一项重要的、刻不容缓的任务。

在广泛发动人民群众的过程中，朱瑞十分重视妇女的解放工作，他说：“青壮年都参军去了，村子里都是什么人啊？是老人、孩子、妇女啊！这妇女不光要围着锅台转，还是农业生产、参战支前的主力军，是村里的半边天呢。不重视做好妇女的工作，支援长期抗战，行吗？”

为摸清山东各地妇女解放工作现状，朱瑞带领纵队政治部的李欣、韩何、汪禹等人，到根据地各个乡村、集镇走访调查。

一天，他们正准备到鲁中的一个村子去看看。路上朱瑞嘱咐大家：“你们到老大娘家，不要嫌家里的凳子脏，炕上有尘土，那样会脱离群众的。日寇入侵，战乱连连，老百姓这些年生活得不容易啊！”

不一会儿，他们来到一处草房子前，一扇破

门半掩着，同行的村干部上前叫门。

“有人在家吗？”

半晌，屋子里传来迟疑的声音：“没人在家。”

村干部连忙说：“她李嫂，是队伍上的首长来看你了。”然后低声向朱瑞他们解释道：“俺们村就是这个样儿，家里要是没男人在，都是这么说的。”

朱瑞听后，心里一怔，然后默默地点了点头。

他们一连走了好几个村子，情况基本都一样，男人很少在家，妇女中老弱病残、孤儿寡母的有许多，年轻点的妇女，在家不仅没地位，还承担着繁重的生产和家务劳动。

他们一直走访到天黑。村干部招待在村里吃了一顿晚饭，一菜一汤一主食，菜是腌地瓜秧子，汤是煮地瓜汤，主食是蒸地瓜干。当时的沂蒙山区，粮食紧缺，地瓜是最好的食物，要是赶上地瓜都没有的时候，就只能吃榨油剩下的豆饼、花生饼充饥，这些东西又粗又刺嗓子，很难吃。

朱瑞慢慢地吃完饭，招呼大家坐到院子里的大树下，聊起这些天的调查情况。

汪禹首先说道:“山东的妇女太苦了，不但要干和男人一样的活，还要穿耳、裹脚、被打、被骂，被封建思想束缚得太厉害。”

韩何接过话说:“不单单是受封建思想的毒害，还有这婚姻的专制。我在滨海听到一首女子对婚姻不自由怨恨的歌谣，是这样唱的:郎十一，妾十九，好比毛虫配莲藕。奴想从旁说句话，可恨爹娘不改口。自古道，从来女子多薄命，嫁鸡随鸡飞，嫁狗跟狗走，哪管十一和十九，谁管毛虫和莲藕!”

韩何唱完，大家都不再说话了，气氛有些凝重。

朱瑞用力握了一下拳头，语气凝重地说:“大家说得都很好，妇女受压迫，不是一家的事，不是一个地方的事，家家如此，社会也是如此，中国几千年都如此。今天你们也看见了，妇女们在家算什么?简直不算一个人哪!有客人问家里有人吗?只能说家里没人，你们看，她自己都没把自己算成人啊!”

朱瑞停了一会儿，接着说道:“我们现在都

知道，这样的说法是不对的。妇女也是人，也是中国人，并且妇女要占中国人的一半。有了妇女，才有中国和中国人，而且，男的能够做的事情，女人一样做。中国历史上有很多很有名的妇女，她们会写字、作诗、写文章、救国、救民，等等，而今天，妇女的作用会更大。我们筹备会里面有个赵大娘，她在日本的占领区里英勇地工作，大儿子牺牲了，送二儿子上战场，二儿子也牺牲了，又把老三送到抗日的前线。还有其他很多老妈妈、大嫂子，她们把自己的孩子、丈夫送去当八路军，她们都是千千万万的好妇女、好妈妈、好媳妇。因此，我们肯定地说，妇女对于国家和民族，是同男子一样的有用，现在妇女被压迫、被束缚是不对的。”

朱瑞又说：“我考虑，妇女解放要从以下几个方面着手，大家可以讨论一下。一是要参加抗战，就是帮助军队打跑鬼子，救国救民。二是要动员妇女参加劳动，让自己的生活富裕起来。三是要参加宪政，使我们不分男女都要平等、自由，能参加国家行政、政府管理和社会活动。四是要学习，学认字，学革命的理论和抗战的道理、学生活中有用的知识和文化，这样才能进步。”

他有些激动，站起身来继续大声地说道：“共产党是人民的大救星，号召动员全国的一切力量进行抗日的斗争，争取民族和人民的解放。妇女也要解放，我们也要动员一切的力量帮助妇女的解放事业，这是千年来的伟大事业。你们都是党员，有的人还上过大学，有文化，有理想，你们要积极地参与到这项工作中来。”

在场的有一位宣传队的编剧，他站起身来说：“朱政委，您讲得太好了，我刚才听了您的讲话，现编了一首新歌，能不能请您听一下。”

“好啊，你说来听听。”

编剧拿起手里的本子，高声念道：“大娘大嫂大姐呀，咱们动员起来吧！参加妇救会。给咱们伸冤诉苦呀嗨。几千年来的锁链啊，咱们受尽压迫，厨房里苦事多，繁重的劳动如牛马，还要挨打又挨骂，这么痛苦过日子，一辈子受罪抬不起头呀嗨。妇女们呀动员起来，参加妇救会呀嗨。站岗放哨做鞋袜，读书识字要参加，要解放还要靠我们自己呀嗨。”

大家听后一齐鼓起掌来。

朱瑞满意地询问道：“这样的歌词好不好？”紧接着，他一挥手，做了个一起喊的手势，大家心领神会，齐声高喊：“狗咬鸭子，呱呱——叫！”在场的人都笑了起来。

朱瑞嘱咐那位编剧，尽快找人谱好曲，要在各地传唱。他鼓励说：“要利用各种形式进行宣传和发动，多编一些这样的好歌曲，这样的好节目，带到鲁南、带到鲁中、带到广大的农村去，把广大农村的妇女都发动起来，一致抗日。”

在朱瑞的提议下，山东省妇联很快成立了姊妹剧团，团员除个别男青年外，全为女青年，这是针对山东农村男女有别的特点采取的做法，还创办了《山东妇女》杂志，朱瑞亲自写了发刊词。

他要求加紧对妇女的社会动员，彻底克服忽视妇女运动、轻视妇女运动或各种旁观与冷漠的态度，号召整个社会力量来支持与帮助妇女运动。他结合自己的调研情况，专门作了《论妇女解放和妇女干部修养》的专题报告。朱瑞的妻子陈若克也积极投身妇女解放运动，1940 年 8 月 6 日，被选为山东省妇女救国联合会执行委员和常务委员。

从此，山东妇女运动轰轰烈烈地发动起来，妇救会会员们积极动员自己的儿子、丈夫参军参战，壮大抗日队伍。大妈大婶开展大生产运动，繁荣抗日根据地的经济，粉碎敌寇的经济封锁。小媳妇大姑娘参加识字班，提高文化政治水平。到了 1945 年，已组织起成千上万的妇女自卫军，是全国动员妇女参加抗战、支援抗战最多的地区之一。

## 她是党的荣光

1941 年 1 月，日军制定了《大东亚长期战争指导纲要》和《对华长期作战指导计划》，将华北划分为“治安区”“准治安区”和“非治安区”。在“治安区”内，以中国人为主的警察力量承担治安工作，维持反动统治；派出日伪军对准治安区进行“蚕食”，制造无人区，使其逐步变成治安区；对非治安区，则以军事“扫荡”为主，实行“三光”政策及囚笼政策。

11月初，日军为配合第三次“治安强化运动”，纠集5万余人，对沂蒙山区抗日根据地发动了空前规模的“铁壁合围大扫荡”，矛头直指山东党政军领导机关。

朱瑞、罗荣桓、陈光、萧华等，在第115师一个营的掩护下，巧妙跳出合围圈，转向外线作战。日军主要作战计划落空后，恼羞成怒，遂实行分区合围、“抉剔清剿”，实施杀光、烧光、抢光的“三光”政策，大批抗日军民惨遭屠杀。

11月7日，阴云低垂，寒风呼啸，山东分局机关的一部分干部，分散隐蔽在大崮山的山洞中。这里已是沂蒙山腹地，山势险峻、沟壑纵横，是山东抗日根据地的核心区。

日军出动大批精锐部队，将这里团团包围，然后使用飞机、大炮狂轰滥炸。

山东省妇女救国联合会常委、山东分局组织

部科长、朱瑞的妻子陈若克此时正艰难地躺在山洞深处的草垫上，她感到孩子在肚子里折腾得厉害，一阵阵强烈的疼痛传来，豆大的汗珠滴落在干草上。

“若克、若克，你感觉怎么样，这可咋办啊，这也不是生的时候啊！”

一阵急促的呼唤声，把陈若克从半昏迷中唤醒，她艰难地睁开眼睛，问：“鬼子到什么地方了，分局什么时候突围？”

“刚才警卫员过来说，可能后半夜要突围出去，你怎么样，还能坚持吗？”

陈若克低声地说：“我还行，还能坚持。我的手枪呢？”

“前面的同志武器不多，刚才警卫员来的时候，借走了。”

陈若克说：“也好，在战士的手里还能发挥更大的作用。”那是一把非常小巧的撸子，是丈夫朱瑞送给她的礼物。

在他们分开前的最后一个晚上，朱瑞紧紧地抱着她，安慰她，他是多么舍不得离开自己的妻子和还没有出生的孩子。

在离开前，朱瑞从桌子上拿起这支手枪，郑重地放在陈若克手上，并对她说："若克，手枪还是带着吧。"

陈若克"嗯"了一声，轻声说："我懂的。"

在那战火纷飞的年代，每个人都时刻面临着生死的考验。对真正的革命者而言，死亡，不过是最简单的事情罢了。

午夜时分，突围开始了，分局机关的人员兵分两路向外突围。陈若克由警卫员搀着往北前进。由于阵痛加剧，她的行动越来越慢，渐渐落到了队伍的最后，与前面的部队失去了联系。第二天拂晓时，陈若克终于撑不住了，她感到孩子就要出生了。这是她和朱瑞的第二个孩子，第一个已在上一次的反"扫荡"中夭折，她不想让这个孩子也夭折在这里。

她在一处山崖的树丛中躺下，嘱咐身边的警卫员赶紧到附近村里找人，警卫员领命而去。这一带是根据地的核心区，老百姓热情支持抗日，村村都有"堡垒"户。陈若克原本是住在干娘王换于家中待产的，日军“扫荡”开始时，为了不拖累好心的老人，陈若克执意要随部队转移。

现在，她只能寄希望于警卫员能够顺利找来人，帮助接生。但是，她没能等来忠心耿耿的警卫员，却被漫山遍野搜索的日军发现了。

日军士兵虽然不知陈若克是干什么的，但因为她的气质和外貌与众不同，断定这个女人不简单。于是把她捆绑下山，暂时关在村子里的一间小屋内审讯。就在陈若克被捕后当日，孩子在村里一位老大娘的帮助下出生了，是个漂亮的女孩儿。而此时，陈若克已经被打得遍体鳞伤，但还是依然镇静、倔强，如磐石一般，面对凶恶的敌人毫无惧色。

孩子出生后，沂水城的日军命令把陈若克母女押往宪兵司令部。残暴的日军把虚弱的陈若克横绑在马背上，把刚出生的婴儿塞进一条马料袋子里，挂在马鞍旁。一路上，孩子被粗糙的马草扎得拼命哭喊，喊得撕心裂肺，气断声绝。100 多里的山路，陈若克听着孩子的哭声，心都碎了，那是革命的后代，是她和朱瑞爱情的结晶啊。

当陈若克被抬进日本宪兵司令部的时候，一个叫杨以淑的八路军护士认出了她。杨以淑比陈若克早几天被俘，也关押在这里。她一看见熟悉的陈若克，就像是看见亲人的孩子，一下子扑了上去，呜呜地哭了起来。

陈若克镇定地说："哭什么？我们都是中国人，中国人就要有中国人的骨气！"

看到这一幕，日本人更加确信，这个女人可能是个大人物。于是宪兵队队长亲自提审陈若克。

"你是哪里人？"

"听我是哪里人，我就是哪里人。"

"你丈夫是谁？"

"我丈夫是抗战的。"

"你呢？"

"我也是抗战的！"

陈若克坦然自若地说道："还问什么？快点枪毙好了。"

日军恼羞成怒，他们把陈若克按在地上，用红烙铁压在她的背上。她不由得惨叫一声，立刻昏死了过去。等她醒来后，日本人再问："你是干什么的？”

她以微弱的声音说道：“我是抗日的。”

“你丈夫是干什么的？”

“他，就是消灭你们的。”

宪兵队队长气得暴跳如雷，各种各样的刑具轮番用在陈若克身上。她却一声不吭，直到又昏死过去。狼心不死的日本鬼子见酷刑没有效果，就想出更为毒辣的办法对付陈若克。

他们把一瓶牛奶送到牢里，对陈若克说：“我知道你是八路，很坚强。但你也是孩子的母亲啊，难道就一点都不疼爱自己的孩子吗？”

陈若克望着还没有来得及吃一口奶的孩子，那双漂亮的小眼睛已经没有了神采，一张一合地翕动想要吸吮的小嘴干瘪着，却哭不出声了。

她想起第一个孩子夭折的时候，朱瑞泪流满面，却抱着她说：“整个民族都在苦难中，不必为自己孩子的性命伤心。”

陈若克把牛奶瓶摔在地下，说：“要杀就杀，要砍就砍，少来这一套。”

鬼子见这一套也不起作用，只好讪讪地走

开了。正在牢房中的杨以淑猛地抱住陈若克痛哭起来。

陈若克知道自己的时间不多了。她把身上的纱布拆下来做了一顶小白帽子，又从自己破烂不堪的衣服上撕下一小条红布，叠了一个小五角星别在帽子上，端端正正地戴在女儿的头上。

随后咬破自己的手指，把流着血的手喂到女儿的小嘴里，深情地说："好孩子，你来到世上，没能吃上妈妈的一口奶，就要和妈妈一起离开这个世界了，你就吸一口妈妈的血吧。"

1941 年 11 月 26 日，陈若克怀抱出生不到 20 天的女儿，在沂南县壮烈牺牲，年仅 22 岁。

陈若克的干娘，那位好心的王换于老太太，典卖了自家仅有的 3 亩田地，把陈若克母女的尸体悄悄运了出来，安葬在自家菜园里。

看守刑场的伪军都叹息："这婆娘太凶了，脾气太坏啦，审了几天就闹了几天，一点也没有结果，还喊口号、唱歌哩。"

噩耗传来，朱瑞痛彻心扉。他反复低语："她才 22 岁，她死得太早了。"

追悼会上，朱瑞轻轻地走到会场前，对着陈若克的遗像，沉默许久，然后转过身来，强忍住悲痛，没有让眼泪流下来。

朱瑞回忆起与陈若克在革命道路上相识相知的过往，沉痛地说道："若克同志牺牲了，是党的损失，革命的损失，也是我的损失！因为我们是衷心互爱的夫妻和战友。但她的牺牲又是党的光荣，妇女的光荣，也是我的光荣！"

"以牙还牙，以眼还眼，以血还血，以肉还肉，让我们心里永联结这亲爱与仇恨，一直斗争到最后胜利吧！我们一切流血牺牲，都将在最后的胜利中取偿！"

# 04 “始于斯、老于斯、终于斯!”

## 甘当炮校“教书匠”

1945年6月中旬的一天，中央军委副主席周恩来把朱瑞找来办公室谈话。明亮的光透过窑洞的窗棂照射进来，暖暖地带来夏天的气息。周恩来倒了一碗水递给朱瑞，说道：“前两天毛主席和我谈起你的工作，中央想让你去协助彭德怀同志工作，做副总参谋长。主要任务是同美国人和国民党方面的代表谈判。我们认为你来担任这个工作是合适的。”

周恩来停了一会儿，又接着说：“中央军委在上海时，你同国民党军队的上层人物搞过联络；红军长征到达陕北后，你和张学良东北军的统战工作做得很好；抗战爆发后，你对国民党军高级将领的统战工作也很有成绩嘛。”

周恩来对朱瑞如此了解，并不奇怪。1930 年朱瑞从莫斯科回到上海时，一度因找不到党的组织而处境十分危险。正当他在街头徘徊，是周恩来亲自给他接上组织关系并安排他到党的要害部门工作。此后有八九年的时间里，他一直在周恩来的直接领导下工作。因此，他对周恩来怀有特殊的感情。

在他的眼里，周恩来既是党中央领导人，又是自己的良师益友。在周恩来的面前，他无拘无束，无话不谈。听到要让他出任副总参谋长时，朱瑞几次想插话，但都被周恩来用手势制止了。

最后，他实在沉不住气了："周副主席，我觉得自己胜任不了副总参谋长的工作。我想我还是做一些实际的工作。比如说到炮兵学校当个教员，我在苏联学的是炮兵专业。”

很显然，周恩来没料到朱瑞对中央的工作安

排会有如此强烈的反应。于是，周恩来恳切地说："你对工作安排有自己的想法我并不反对，但你应该首先考虑中央的意见。关于你的工作问题，今天先不忙作决定，给你几天想一想。过几天毛主席还要亲自同你谈工作安排问题，你有什么想法和意见，可以同主席说。"

告别周恩来回到住地后，朱瑞心情久久不能平静。心想："党的七大刚结束，毛主席、周副主席日理万机，竟花那么多时间同自己谈话，征求意见，说明中央对自己非常关怀和信任。"

不过，他经过深思熟虑后，还是决定不当副总参谋长，而去延安炮校当教员，干炮兵。

几天后，毛泽东约朱瑞谈话。他立即骑马赶往杨家坪。

毛泽东一见朱瑞走进窑洞，便开门见山地说："听恩来说你对中央分配的工作有意见，我们今天一起来谈一谈，你有什么想法，通通说出来，我们来个竹筒倒豆子。"

朱瑞见主席如此民主开明，也就一股脑儿把自己的想法说了出来。

他说："我在莫斯科中山大学毕业后，报考了炮兵专业，当时就是想回国搞我们自己的炮兵。但回国后由于当时没有条件，所以把它就放下了。现在办了延安炮兵学校，我可以到炮校当教员，把荒废了的专业重新拣起来，为建设我们自己的炮兵做一些力所能及的工作。经过慎重考虑，我觉得这个工作对我更合适，更有意义。"他还向主席谈了建设炮兵的一些想法。

当朱瑞谈到自己在建设炮兵中可起到一个螺丝钉的作用时，毛泽东说："放手做，做一个桥头堡。"

毛泽东抽了一口烟，又接着说："我们就要举行战略反攻，要夺取敌人占据的大城市，没有炮兵和工兵的配合，就很困难。战争发展的形势，把建设炮兵和工兵的任务提上了我们的议事日程，中央和军委多次研究过。你主动考虑革命工作和战争的大局，不计较个人职务、地位，这种精神很好，我支持你的意见。"

说到这里，毛泽东话锋一转，说："不过，就是当了副总参谋长，你还可以抓炮兵工作嘛。这样吧，现在郭化若生病住院，你先去代替他工作一段时间，我再同恩来他们商量、研究一下。”

这天，毛泽东谈兴很高，他还向朱瑞打听了组建炮兵部队需要注意和解决的一些问题。谈话结束后，毛泽东同朱瑞一起合影留念。

告别时，毛泽东握着朱瑞的手说：“苏联有炮兵元帅，你就做我们中国的炮兵元帅吧！”

朱瑞不计个人名利得失，舍高官而不做，甘当炮校“教书匠”的故事，一时间在八路军中传为美谈。

1945 年 6 月底，中央军委任命朱瑞为延安炮兵学校代理校长，接替在筹办学校的过程中，因操劳过度而住院的郭化若校长的工作。

朱瑞到任的第一天，全校师生集合在操场上为他举行了隆重的欢迎仪式。炮校政委邱创成首先致欢迎词，他说：“毛主席给我们炮校派来的新校长朱瑞同志到任了！”顿时，全场爆发出一阵热烈的掌声。接着，邱政委向大家简要地介绍了朱瑞的革命履历。同学们无不为有朱瑞这样一位德高望重、经验丰富又具有真才实学的新校长而感到由衷地高兴。

朱瑞在欢迎仪式上，向全校师生发表了热情的讲话："我是20年前的一个炮兵，但扔了20年，今天是重新回来学习的。党中央和毛主席对炮兵建设很关心，在我来之前，毛主席还专门找我谈过话，并指示'炮兵要好好建设，没有炮兵便没有胜利'。"

朱瑞在讲话中，还列举了苏德战争中，苏联红军取得的许多重大胜利，以证明炮兵在战争中的重要作用和毛泽东关于加强炮兵建设指示的正确性。

他指着放在操场边上的10多门老掉牙的山炮说："可不能小瞧这些五花八门的玩意儿，这可是我们八路军的宝贝，比起小米加步枪来，它就是了不起的重武器。今后我们要靠它来消灭敌人，取得抗战的胜利。"

"掌握炮兵技术，不是一件轻而易举的事情，不付出代价，不经过艰苦的努力是不行的，只有把自己所学的科目弄得滚瓜烂熟，并在实践中不断地总结提高，才能把自己培养成称职的炮兵指挥员。"

最后，他向大家介绍了观测、射击、侦察、通信等炮兵基本的专业知识。朱瑞的演讲，本来就非常富有鼓动性，再加上他丰富的肢体语言，给大家留下了深刻的印象。

1945年8月1日，晴空万里，阳光灿烂，延安炮兵学校举办了隆重的开学典礼，在校师生们身着整洁的服装，列队站立在操场上。当朱瑞校长陪同朱德总司令，还有叶剑英、林彪和肖劲光走过来时，全场响起了热烈的掌声。

朱总司令首先代表党中央和中央军委讲话。他说：今天是中国工农红军诞生的日子，你们选择在这个重要的日子举行开学典礼，就是为了不要忘记我们的前身是红军，是为人民服务的，是革命的军队，是与资产阶级的军队根本不同的。你们今天学习，不要为了升官发财，要消灭法西斯，要解放全中国，这是你们的政治方向。为了争取胜利，我们要把百万大军加上炮。苏联在过去号召人民进行保卫苏维埃祖国的战争时，提出了“模范战士上马来”的口号，我们今天要提出“模范战士上炮来”的口号。所以你们的任务是重大的。工兵也同样重要，有炮兵就有工兵。所谓最新式的军队，也无非炮兵与工兵。日寇和蒋介石欺侮我们，修碉堡来封锁我们，围困我们。这些碉堡将来需要你们用炮打，用工兵来爆破。你们要记住，炮兵是军中的骨干，工兵是军中不可缺少的因素。

朱总司令讲完话之后，朱瑞校长又激情地讲道：今天是炮校开学的第一天，同时也是工兵历史开始的一天。炮兵、工兵人员不应忘记今天是奠定基础的一天，是同志们下决心为炮兵、工兵终身服务的一天。我们要深刻理解毛主席“没有炮兵便没有胜利”和朱德总司令“炮兵是建军骨干”的指示，安心学校的工作和学习，下定决心，终身为发展人民炮兵奋斗到底。最后，朱瑞向军委领导和全体师生表示，自己要“始于斯、老于斯、终于斯”。

在朱瑞校长的领导下，全校师生学习训练的热潮一浪高过一浪。由于人多炮少，大家就轮番上场，做到人闲炮不闲。为解决训练器材不足的困难，朱瑞号召大家自己动手，因陋就简。没有粉笔，就用白土代替；没有炮弹解剖图，就自己绘制；瞄准镜少，就用木材和黄泥制作模型练习。一时间，小发明、小创造层出不穷，把训练搞得热火朝天。有的学员训练竟达到了痴迷的程度，常常忘记了吃饭和睡觉。

经过紧张严格的学习训练，延安炮兵学校第一期 1000 余名学员全部毕业，奔向各个部队，担负起组建和发展人民炮兵的历史重任。

## 寻装备穷尽白山黑水间

1945 年 9 月 19 日，中共中央和中央军委针对蒋介石发动全面内战的严重威胁，确定了“向北发展，向南防御”的战略方针和全力控制热、察两省，先机进入东北的战略部署，同时决定将延安炮校开到东北去。

为贯彻党中央的决定，朱瑞和邱创成立即组织召开大队以上干部会议，动员和部署这次搬迁工作。

朱瑞说道：“苏联红军很快就要从东北撤军，

党中央认为东北目前的形势，为我党我军的发展提供了一个极好的机会。日军投降后，在东北丢下了很多大炮、枪支和各种军事装备，中央决定我们延安炮校立即轻装向东北进军，到东北组建新式炮兵，这是中央给我们的光荣任务。如果我们把新式炮兵建立起来了，对中国革命的胜利将有重大意义。”

10月中旬，朱瑞先期到达沈阳，随后拜访了苏军前线总司令马林诺夫斯基，并当面转交朱德的亲笔信。当朱瑞提出请苏军援助我军建设炮兵时，马林诺夫斯基面露难色。他说：苏军同国民政府有协定，他不便公开支持中共军队。不过，他建议朱瑞同苏军后勤部门联系。

朱瑞敏感地意识到，事情并没有当初想象的那么简单。果然不出所料，很快接到驻沈阳市的苏军卫戍司令部通知：按照雅尔塔协定，沈阳市将由国民党政府接管，中共机关和部队均不得留在市内。

按照这个通知，原在沈阳市的中共中央东北局已转移到本溪。东北局领导指示，将来到东北的延安炮兵学校的干部、学员分配到本溪炮兵旅、第16军分区和南满部队工作。

延安炮校的师生从延安出发时，曾得到的消息是：日本关东军投降后，日伪军留在东北的“有大炮六千，骡马车辆无数，弹药器材堆积成山”。学校按原计划到东北后，主要任务是接收日军的装备，招兵买马，建立一支新式的人民炮兵。但真正到了东北以后，才发现情况并非如此。一方面，蒋介石在美国的支持下，打着所谓“接收领土”的幌子，调兵遣将，准备大举进攻东北。另一方面，苏军碍于“中苏条约”，并在蒋介石政府的抗议下，要求中共军队撤出沈阳。

为了尽可能地争取到更多的装备，朱瑞带着炮校后勤部门的同志，在几个日军的仓库里找到了37门火炮、30辆坦克和部分弹药，但苏军不同意他们接收。朱瑞在给中央军委的报告中说：“想拿没办法，‘哭秦廷’亦无结果。我们赤手空拳来沈阳，又赤手空拳退出沈阳。”

原定“接收装备，招兵买马”的计划完全落空了。此时，刚落下脚的炮校师生又奉命从抚顺转移到通化。这一变化，对满腔热情的炮校师生来说，犹如被当头浇了一盆冷水，个个忧心忡忡。

正当大家焦急不安的时候，朱瑞从东北民主联军总部赶到了通化。他一下火车，就立即通知召开校党委扩大会，在会上，朱瑞神情庄重地告诉大家："由于情况的变化，我们原先的计划落空了。此时此刻，大家的心情我很了解。我今天要强调的是虽然情况发生了预想不到的变化，但中央交给我们'抓紧时机，获取敌人的武器装备自己'的任务不能变，必须坚决执行。特别是当前敌人大军压境的情况下，更不能等待，不能无所作为。"

众人忧伤的目光齐聚到朱瑞的身上。朱瑞坚定地说："从延安出发前，总司令对我说，'朱瑞同志，有部队必须有家务，有家务才能支持部队。你们到东北后，一定要抓紧家务建设。'这几天，总司令的话一直在我的脑子里转。同志们，我们延安炮兵学校，是靠延安精神发展起来的。在今天面临巨大困难的情况下，更要有'万事不求人，一切靠自己'的自力更生精神，办法就是'分散人才，征集两材'，即是把我们的人员分散出去，到各地去收集器材，征集资材，建立起家务。我们要把目前的困难和出路，如实地告诉大家，发动全校师生来想办法，共同克服困难，打开局面。”

“据我了解，日本关东军遗弃的火炮器材，有不少散落在东北各地，如果我们能够把它收集在一起，就是一笔可观的家务，到那时候，我们不就有了建设炮兵的物质条件了吗？”

朱瑞的一席话，使大家茅塞顿开，一张张忧郁的脸顿时舒展开来，会场气氛也变得活跃起来。大家各抒己见，献计献策。朱瑞最后把大家的意见归纳为“分散部队，收集武器，发展部队，建立家务”4 句话。

校党委扩大会之后，全校师生除少部分人去野战部队培训骨干外，其余人员分编成小分队，上至首长，下至马夫，全部奔赴各地收集武器。在东北广袤的大地上，东起绥芬河，西至满洲里，南自长春，北到虎林，只要是日军驻守过的地方或听说有遗弃火炮的地方，都留下了炮校师生的足迹。

当年曾响彻白山黑水、林海雪原的《收集武器之歌》，真实地展现了炮校师生收集武器的情形：

“我们去收集武器，自己来武装自己，不到黄河心不死，不搞到大炮决不回去。同志们见人就问，见影就追！追！追！追！追到深山，追到森林，追到旧有工事里，追到可疑的地区。”

一天，朱瑞听说当地朝鲜族群众手中存有不少日本武器，但需要用食油和烧酒进行交换。他当即命令后勤部调集大豆和高粱，并组织部队开办油坊和酒厂，用部队生产的食油和烧酒向群众交换武器和购买马匹。

此举可谓一举多得，既解决了群众的生活急需，又扩大了炮校的武器来源，还密切了军民关系。这一措施，深受朝鲜族群众的欢迎，他们纷纷拿出收存的武器与部队交换。有不少群众还主动为部队提供线索并充当向导，带领部队到各地收集武器装备。

有位老百姓告诉朱瑞，日军在撤退时，曾把几门大口径火炮和许多炮弹推进镜泊湖里。于是，他立即带领一个连赶到镜泊湖。当时湖面还结着厚厚的冰。朱瑞带领战士们抡起镐头，一镐一镐往冰上砸，虎口都震裂了。

当炮身露出破冰时，朱瑞高兴得像小孩子一样，大声嚷嚷着：“快去找绳子，把它拽上来！”

在不到半年的时间里，炮校师生共收集到各种火炮700余门，炮弹50余万发，坦克12辆，装甲车2辆，汽车23辆及大批火炮零件和器材。

但要想使日本关东军遗留下来的这些火炮零件起死回生，并不是一件容易的事情。当这些武器器材从四面八方源源不断地运到牡丹江后，朱瑞又四处物色人才，招募懂机械的工程技术人员和修理工，组建了一个修械所，担负起火炮、器材、车辆等武器装备的修理和组、改装任务。

经过大家几个月的努力，组装了各种火炮64门，重新喷上漆后，像新出厂的一样。

## 人民炮兵初成军

1946年4月，国民党军开始向南满大举进攻，延安炮校被迫由通化移驻牡丹江。此时，虽然

“始于斯、老于斯、终于斯！”

通过广泛收集和修复组装了许多炮兵武器器材，有了扩建炮兵部队的基本条件，但懂炮兵的干部和专业技术人员奇缺。

朱瑞根据中共东北局关于“发动群众，建设壮大部队”的总方针，提出了“变学校为部队、拿部队当学校”的工作方针，将炮校的现有干部组成若干个巡视团，再一次分散到各部队，以开门办学的精神，一方面就地培训干部，另一方面协助部队利用收集到的武器组建炮兵。同时，提出了“扩兵二千五”的训练计划，招收新学员到学校进行为期两个月的训练，然后充实到新组建的炮兵部队。不久，就将新组建的建制不全、人员不足的炮兵第 2 团，扩建到 3 个营 9 个连的三门制野榴炮团，共 1000 余人。

5 月，又以炮校警卫营为基础，在牡丹江组建了炮兵第 3 团。到年底，该团扩编为 3 个营 12 个连，装备日式 150 毫米榴弹炮 19 门，100 毫米加农炮 2 门，共 1500 余人，成为东北战场上唯一一支由汽车牵引的摩托化大口径炮兵部队。

炮兵部队已初步建成，但防空仍是部队的短

板。根据中央军委关于筹建防空分队、加强对空防御的指示精神，朱瑞又组织人员对在抚顺收集到的27门日式75毫米高射炮进行修理拼装，最后装配完成了8门高炮，并以炮兵第3团的一个连为基础，组建了人民军队历史上第一支高射炮大队，下辖2个中队。

朱瑞采取这种“母鸡下蛋”的方法，相当奏效。在不到半年的时间里，东北炮兵通过分散发展，在各部队相继组建了10个炮兵团，6个独立炮兵营，共80个炮兵连。但是，新的矛盾又出现了。由于部队分散、编制各异、炮种混杂、指挥不畅、加上供给保障困难，给炮兵作战能力的形成带来了诸多不利影响。为及时解决上述问题，东北民主联军总部（简称“东总”）采纳朱瑞的建议，及时成立了炮兵调整处，并任命朱瑞任处长，协助总部处理炮兵建设、调整等各项事宜。

朱瑞受命后，从整个东北战场形势和炮兵建设的实际出发，于1946年7月9日起草了以“东总”和炮校领导名义颁发的“炮字第1号”命令，提出了“广泛普遍的发展与适当的集中使用”的建设方针及“炮兵与步兵及其他兵种协同作战”的思想。这一思想的主旨是：主力部队的团和旅都要组建一个炮兵连，尔后逐步扩大为炮兵营；各军区、纵队、师对已有的炮兵营，充实兵员、马匹，并在扩大到四五个炮兵连的基础上，建立小团；在集中加强“东总”直属的基干炮兵团建设的基础上，将吉林、牡丹江、松江炮兵团，在一个月内编成“三三制”基干炮兵团，即每个团编为 3 个炮兵营，每个营编为 3 个炮兵连；在纵队、师和军区参谋处设炮兵主任或炮兵参谋，在旅或军分区设炮兵参谋，以协助兵团首长管理及指挥炮兵编组、训练与作战。

这是一幅人民军队炮兵建设发展的基本蓝图。为此，朱瑞专门向东北局领导汇报了自己对整顿炮兵的决心和设想，并立下军令状：3 个月内装备训练出 4 个团开赴前方打仗。

东北局和“东总”，对加强炮兵建设大力支持，表示“要钱给钱，要物给物”。特别是当时主管财经的陈云同志，不仅同朱瑞进行了亲切谈话，而且慷慨解囊，在财政十分困难的情况下，专门给炮兵批了六千六百万东北币，折合黄金三千三百两，这使朱瑞受到极大的鼓舞。回来后，他立即召开校党委扩大会，详细传达了东北局领导的指示，他把陈云的谈话概括为“一席话，六千万,六个字，金不换”。

在“炮字第1号”命令的指引下，东北炮兵如雨后春笋般地发展壮大起来。至1946年10月，短短3个月时间，炮兵已超过100个建制连队，开始成为一支重要的力量。此时，朱瑞在思考着更深层次的问题：面对规模如此庞大而技术复杂的炮兵，如果没有一个强有力的领导核心，而让他们各自为战，就无法对敌构成强有力的火力威慑。特别是在当前敌强我弱的形势下，如何将分散的炮兵组建成一支集中而又强大的突击力量，使其在战役战斗上的火力超过敌人，是一个至关重要的问题。在他看来，制定统一的炮兵建设规划和建立统一的指挥炮兵作战的机构——炮兵司令部，不仅势在必行，而且刻不容缓。

其实，早在1941年2月，中共中央和中央军委就有在延安成立炮兵司令部的想法。由于当时正处于抗日战争最艰苦的时期，加上严重缺乏火炮器材和人才，这个想法并没有条件实现。而现在，这个条件成熟了。

朱瑞及时将自己的想法向“东总”领导进行了汇报，“东总”领导经过研究，肯定了朱瑞的想法，并委托他代为起草命令。1946 年 10 月 19 日，“炮字第 2 号”命令，以“东总”首长的名义正式颁发。同时，朱瑞被任命为炮兵司令员，邱创成任政治委员，贾陶为副司令员、匡裕民为副司令员兼参谋长。11 月中旬，中国人民解放军历史上第一个炮兵司令部正式在哈尔滨成立。

东北民主联军炮兵司令部的成立，是一个标志性的历史事件。正如朱瑞在给中央军委的报告中指出的那样：“炮兵司令部之成立，表示东北炮兵建设已经开始形成独立的兵种，庞杂的、分散的炮兵部队，乃得有行政、指挥、管理、教育的中心。它之成立，使东北炮兵建设乃指导，得以更进一步系统化。”

到 1947 年 2 月，东北炮兵已达到 160 个连，其中预备炮兵 100 个连，各纵队、师、团炮兵 60

个连。有人说：朱瑞不愧为科班出身的“炮兵大师”，思维总是那么超前，看问题总是那么透彻和深远。那么，现在有了武器装备，也有了部队，但并不等于就有了战斗力，更不等于部队就能打胜仗。朱瑞看到的是：“从收集武器，修理火炮，组织部队，整顿装备，都还处于‘画龙’阶段。是否真正有成绩，须视它能否作战。因此问题的关键是如何训练，也就是‘点睛’，画龙需点睛。部队能否训练有素，是炮兵建设中的头等大事，也是我们面临的严重考验。”

在炮兵司令部召开的营以上干部大会上，他大声疾呼：“我们炮兵的建设所完成的一切工作，就其现状说是有成绩的，但就炮兵整个发展来说，我们才仅仅做了十分之一的工作。”

一方面，他要求各部队加强思想政治工作，进一步提高官兵的阶级觉悟，认清为谁当兵、为谁打仗的革命道理。另一方面，他提出了“苦练一个月，争取打胜仗”的响亮口号，要求部队大力开展“有什么武器就学什么技术，战争需要什么就训练什么”的大练兵活动。通过短暂的军事政治训练和不断建立健全各项规章制度，部队的军政素质和管理水平有了明显的提高。

炮兵司令部直属的4个炮兵团，是战前训练的重点。朱瑞深入各团驻地巡回检查军事训练。1946年9月10日是中秋节，也是他和妻子潘彩琴结婚4周年纪念日。由于战争的需要，他和妻子常常是聚少离多。

中秋节当天，他给妻子写了一封长信，表达了不能回去团聚的理由并表示了歉意。最后他写道："为了人民的事业，就是这样有意义地过吧。因为——万万千千的人民不能团圆，万万千千的人民正在水深火热之中，万万千千的战士正在前线啊！以我们的分别来纪念他们的艰难及奋斗！"

乍一看，这并不像一封家书，倒像是朱瑞交给党组织的一份入党申请书。然而，细细品味，顿时令人肃然起敬。共产党人那种"先天下之忧而忧，后天下之乐而乐"的高尚情怀，那种"舍小家，为大家"的伟大精神，就像山涧涌出的一股股涓涓细流，晶莹剔透、沁人心脾。

1946年10月，距朱瑞立军令状约定的3个月时间已经到期。他亲自向东北局及“东总”领导报告：“该是我向领导交‘军令状’的时候了，请你们到现场验收吧！”参谋长刘亚楼代表总部领导，来到直属炮兵团野外演习和实弹射击现场视察。刘亚楼当场指定射击目标，并要求炮手在规定的时间内完成射击任务。通过现场考核，刘亚楼认为训练成绩“还好”，可以完成战斗任务。炮 2 团 2 连和牡丹江炮团 5 连射击准确，成绩优良，受到“东总”通令嘉奖，并获奖金 5000 元。炮 2 团整体成绩突出，受到朱瑞的表扬。

## 炮兵理论奠基人

1946 年 10 月 19 日，国民党军采取“南攻北守、先南后北”的作战方针，调集 8 个师的兵力，向东北南部解放区发起进攻。为配合南满部队作战，东北民主联军集中 3 个纵队 5 个师的兵力出击江南，炮兵有 21 个连参加作战。由于参战的炮兵部队新兵多、新补充的马匹多，机动能力差，第一天就无法完成 60 里的行军任务。

朱瑞马上意识到，炮兵部队要打仗，必须先学会行军。于是他当即向部队提出："部队就是要拖，有任务要拖，没有任务也要拖。"

所谓"拖"，就是拖炮行军，锻炼和提高炮兵部队的机动能力，以适应运动战的要求。他要求炮兵在运动中必须紧跟步兵行动，"有命令要跟，没有命令也要跟，拖一个月，我们就学会了走路"。

此时的东北大地，战云密布。国民党军在新开岭战役后，于 12 月继续集结重兵进攻临江地区，企图歼灭东北民主联军南满部队，或迫其北撤。"东总"定下坚持南满、巩固北满，南打北拉，北打南拉，南北密切配合，集中优势兵力，主动打击敌人的作战计划。从 12 月中旬开始，东北民主联军与国民党军展开了历时 3 个半月的"三下江南，四保临江"作战。东北炮兵大部分参加了战斗，并在实战中经历了考验，锻炼了队伍，初步显示出战神的威力。

12 月 24 日，朱瑞奉命率部分人员乘专列赴朝鲜平壤，与苏军远东司令部联系，筹集日军遗留在朝鲜的火炮器材、弹药，以及购买医药、布匹等物资，因此未能亲自指挥一保、二保临江和一下江南作战。他从朝鲜回来后，即亲赴前线参加三保临江和二下江南作战。

这一次作战，朱瑞亲自指挥直属和队属炮兵共49个炮兵连，冒着零下40多摄氏度的严寒，支援步兵作战。1947年2月22日，第6、第1纵队各一部远距离奔袭吉林以北城子街，炮2团在朱瑞的直接指挥下，克服道路难行等困难，带领部队长距离奔袭，紧跟步兵的战斗行动。在步兵发起冲击前，集中火力猛烈射击，将守军1个多团及山炮营全部歼灭，缴获山炮12门。在战后的总结中，参谋长刘亚楼专门表扬了参战的炮兵。同时也批评了一些步兵“过分依赖炮兵”的思想。

刘亚楼指出：“这次战斗炮兵打得很准确，但步兵总是冲不上去，炮兵焦急只好再打，直打到敌人被全部打光，步兵才上去占领，拿着红旗子高呼‘炮兵万岁’。这种‘炮兵消灭，步兵占领’的思想要不得。”

朱瑞没有因为表扬而欣喜，而是陷入了深深的思考。他知道，要想充分发挥炮兵的威力，必须做好步炮协同，只有这样才能攻坚克难无往不胜。现代化的军队需要现代化的理论，人民军队炮兵的发展，必须有科学的理论作指导，他暗下决心，要创造出人民炮兵自己的理论体系。

1947 年 3 月下旬，炮兵司令部在哈尔滨附近的双城县韩家村，首次召开炮兵会议，专题总结炮兵一年来作战和建设的经验。朱瑞根据大家的讨论发言，结合炮兵参战的具体战例，进行了深入详细的剖析和总结，指出了成功的经验和失败的教训。

他说："东北炮兵建设所已完成的一切工作，就其现状说是有成绩的。但就炮兵整个发展过程说，我们才仅仅做了十分之一的工作，还有十分之九的工作尚待进行，这便是战术问题。"

参加会议的同志们都聚精会神听着他讲话。

朱瑞接着说："战术就是打仗的方法，没有战术，便没有指挥，也就不会更好的作战。那么战术从哪里来呢？战术产生于技术条件，大口径火炮和小口径火炮的战术必然是不一样的。"

“战术还产生于政治条件。敌人是反革命反人民的武装，内部官兵矛盾、上下矛盾、霸道、寡援、腐败、自私；我们为革命的人民的武装，有人民的支持、团结、刻苦、奋勇、有自我牺牲的品质。使用战术的人不一样，作战战术便必有其不同的结果。”

“战术还产生于敌我兵力的对比，又产生于敌我作战的基本战术。比如现在，敌人采取重点配备，筑城固守，分区向我进攻，我军作战则一般采取小部钳制，集中主力打运动战，力争坚决、迅速、彻底、干脆地消灭敌人。”

说到这里，他环顾一下四周，用坚定的语气说：“这些都作为考虑与产生我们炮兵战术的基础。这一些特定条件规定我们：我军炮兵战术不能全学苏联的，虽然它也是革命的人民的；又不能全学国民党的，虽然它暂时还是超过我们的；也不能照搬日本的，虽然我们现有一切火炮几乎都是日式的。我们必须创造中国的、人民的炮兵，创造一套既适合消灭敌人保存自己的作战战术，又不违弃作为炮兵兵种古今中外作战的一般法则。”

听了他的话，大家都情不自禁地鼓起掌来。就在这次会议上，朱瑞从理论与实践相结合的高度，概括提出了步炮协同，集中火力，攻坚作战，抵近射击、直接瞄准，快、准、猛等著名的炮兵战术运用“五原则”，令与会人员大开眼界、敬佩不已。除战术原则外，朱瑞还对炮兵在大兵团作战中的行军、掩护、防空、弹药准备等有关作战问题，提出了具体要求。

朱瑞总结出来的炮兵作战经验和战术运用原则，大大提高了炮兵的作战能力和指挥水平。在1947年的夏季攻势中，东北民主联军在炮兵强有力的支援下，横扫拉（法）吉（林），攻占梅河口，进取昌图，包围四平，歼敌8万多人，收复县城42座，彻底改变了东北战场敌强我弱的被动局面，东北地区各根据地连成一片，使东北民主联军处于更加集中、主动的地位。

1948年3月东北野战军（由东北民主联军改称）集中炮兵主力，于四平城外展开，协助第1、第3、第7纵队夺占四平。四平是中长铁路的枢纽，战略地位十分重要，为敌我必争之地。这一次，炮兵集中兵力，首次形成对敌火力绝对优势，准备让这些企图依靠永备工事固守的敌人，尝一尝人民军队大炮的滋味。战斗打响，大炮首先上阵，4 个炮兵群两轮急促射，共发射炮弹近 6000 发，将守敌前沿目标全部摧毁，步兵仅用了 25 个小时，就彻底歼灭守敌 2 万余人。四平之战是炮兵总结攻坚作战经验并成功用于实战的一次成功范例，是人民军队炮兵在战术上的一次飞跃。朱瑞的炮兵作战理论也初见成效。在 1947 年 12 月 14 日至 1948 年 3 月 15 日的冬季攻势中，人民军队共歼敌 15.6 万人，收复城市 21 座，彻底粉碎了国民党军“确保北宁、维护中长、保护海口”的计划。这其中，炮兵发挥了重要的作用。

战后，东北野战军首长林彪、罗荣桓、刘亚楼特传令嘉奖炮兵：“炮兵全体同志们！你们在彰武、闻家台、新立屯、辽阳诸次战斗中，冒着零下 30 摄氏度的严冬奇寒，发扬高度的勇敢、吃苦耐劳的精神，在射击技术与战术上，都有了进步，这对于诸次战斗起了重大作用，特传令嘉奖。希望你们今后继续发扬英勇、艰苦、优良的战斗作风和继续提高射击技术，改进步炮协同之组织与实施。”此外，还专门指示炮兵部队，给每个指战员一人发一斤猪肉会餐。

## 辽沈战场将星陨

1948 年 8 月，在全国解放战争进入第三年后，东北野战军已增至百万，并完全掌握了战争的主动权。在全国五大战场中，东北战场形势对解放军最为有利，已经具备了与国民党军进行战略决战的条件。

此时，东北野战军炮兵司令部编有 1 个炮兵纵队、1 个炮兵旅、8 个炮兵团、2 个高炮团，另 6 个纵队属炮兵团和一批纵队（师）属炮兵营，拥有山炮、野炮、榴弹炮、加农炮 660 门，战防炮、步兵炮、迫击炮 1600 余门，高射炮 116 门，已经成为一支强大的火力突击力量。9 月中旬，东北野战军根据中共中央军委的决定发起辽沈战役。炮兵司令员朱瑞率东北野战军炮兵纵队主力开赴北宁线，遂行辽沈战役作战任务。

9 月 12 日，东北野战军在义县至唐山 380 公里的铁路线上，拉开了辽沈战役的序幕。第 11 纵队所属炮兵和冀察热辽炮兵旅支援步兵奔袭北宁线昌黎至兴城的国民党军，至 17 日，先后占领昌黎、北戴河，包围了兴城等地。为截断锦西、葫芦岛的国民党军与锦州的联系，第 3 纵队炮兵和炮纵一部配合步兵包围并准备攻克义县。

义县位于锦州、阜新之间大凌河南岸，是锦州北面的主要屏障。守军为国民党军暂编第 29 师另 2 个骑兵支队共 1 万余人，配有 8 门山炮。外围筑有地堡群、雷区、堑壕、城墙等六层防御设施，易守难攻。

为攻克义县，28 日午后，朱瑞率炮兵纵队团以上干部，冒着国民党守军的炮火威胁，到距前沿较近的义县南山侦察敌情、勘察地形，现地明确阵地位置、射击任务等事项。由于南山距离敌人据点比较近，地形暴露，敌人对他们的行踪很了解。他们一行人走到哪里，敌人的炮弹就尾随到哪里，有好几颗炮弹就在离他们不远的地方爆炸，同志们都为朱瑞的安全担心，劝他到更安全的地方去。

朱瑞却镇定自若，鄙夷地说："先不用理他，这是他们的最后挣扎，也算是临死前的哀鸣吧。"他一边察看地形，一边指点作战注意要点，一路谈笑风生。

在察看完所有阵地后，他对身边的炮兵第1团团长黄登保说："这些家伙太猖狂了，明天你先拉两个连来，把那几门炮给我敲掉，给他们来个下马威。"

当晚，团长黄登保命令2个野炮连趁夜色进入阵地，第二天迅速查明守军炮兵位置后，对其发动突然猛烈的炮火袭击，打得敌守军炮兵再也不敢发言。随后，炮兵主力都按指定位置占领阵地。

午后，朱瑞又亲自到第三炮群进行战前检查。第三炮群所属多为十五生榴弹炮和十生加农炮等重炮，因渡河困难，阵地设在大凌河的北岸。炮群指挥宋承志听说司令员要前来视察，连忙用电话向司令员汇报战备情况，并请求他千万不要过河来。朱瑞坚持要到第一线去察看。

大凌河没有桥，也没有渡船，陪同的同志们都争着要背他过河。

朱瑞笑着说：“你们瞧瞧，谁的个子比得上我。你们都过得了河，还怕我过不去吗？来，咱们比赛比赛吧！”说着就挽起裤脚下水。

这时已是深秋季节，东北的河水冰凉刺骨，朱瑞和大家一起，说说笑笑涉水过了河，来到第三炮兵群，仔细检查了各门火炮的位置、射向和隐蔽情况，勉励指战员为解放全东北立功。下午3时许，宋承志又指挥炮群支援步兵第22团扫清了大郑屯等外围据点和城壕障碍。第二天凌晨3时许，所有部队都完成了攻城的准备工作。

10月1日，炮纵主力协同第3纵队等部对义县守军发起总攻。炮纵第3团及第3纵队炮兵团统一组成4个炮兵群，以3个炮群担任支援突破任务，以1个炮群压制敌炮及重要目标。1日凌晨3时，炮兵全部进入阵地并完成射击准备，9时30分按计划进行以开辟突破口为主的炮火准备，经一个半小时的猛烈射击，打开了3个宽30—40米的突破口，接着，迅速延伸火力向突破口两侧及纵深目标进行了5分钟压制射击，支援攻城部队突入城内。战至下午3时20分全歼守军暂编第20师等部。

义县战斗，炮兵在组织与运用火力及步炮协同上都是成功的，并且有了一套比较系统、完整的战斗程序，取得了集中炮火打开突破口的有效经验。朱瑞司令员为亲自检验射击效果，在战斗尚未全部结束时，他不顾大家的劝阻，便从指挥所疾步奔向突破口，途中不幸触雷，壮烈牺牲，年仅43岁。

朱瑞是人民解放军在解放战争中牺牲的职务最高的军事指挥员，噩耗传来，全军震惊。

10月3日，中共中央发出唁电："正当我军在北宁线上胜利进攻之际，我东北人民解放军炮兵司令员朱瑞同志于义县攻城战中光荣牺牲。朱瑞同志在中国人民解放军的炮兵建设中功绩卓著，今日牺牲，实为中国人民解放事业之巨大损失。中央特致深切悼念，望转告全军，继续为革命战争的彻底胜利而奋斗，以纪念朱瑞同志永垂不朽。"同日，中央军委决定，将东北军区炮兵学校命名为"朱瑞炮校”。

6 日，朱瑞的灵柩运抵哈尔滨，驻哈的东北党政军领导和各界代表来到车站月台，向朱瑞遗体默哀告别，并于 9 日在哈尔滨东北烈士纪念馆，为朱瑞举行了隆重的葬礼和公祭仪式。哈尔滨市民包括许多苏联侨民沿街送葬，以表达他们对朱瑞将军的无限缅怀和沉痛哀思。

在公祭仪式上，东北行政委员会副主席高崇民宣读祭文，祭文中说:“呜呼朱瑞同志，党中英秀，海内贤俊；早岁革命，慷慨从军；英勇奋斗，廿载迄今；以身许党，耿耿忠心；忆昔广州，壮业发轫；心坚铁石，志气如云……白山黑水，涤荡烟尘；手创炮兵，威震辽沈；雷霆百万，横扫千军；敌堡齐催，贼兵溃奔；收复绥义，壁垒一新；捷报声中，将军忽陨；噩耗传来，哀恸三军……继承遗志，责在吾人；讨还血债，以报将军；克成大业，以慰大业。”

1948 年 10 月 23 日，东北军区司令部参谋长伍修权在《东北日报》上，以《培育红色炮兵之花的将军——朱瑞》为题刊文，专门介绍了朱瑞一生的光辉业绩。在文中，他的一段话令人深思："也许，再过几十年，有些人特别是年轻的后代们，会对'朱瑞'这个光辉的名字感到陌生，但是，在我的心上，在他的许多战友的心上，在日益强大的中国人民解放军炮兵的艰难创业史和光荣的战斗史上以至在中华民族的解放事业史上，都将永远镌刻着这个闪闪发光的名字——朱瑞。"

# 05 尾声

1948年12月1日，义县人民政治协商会议决定在朱瑞牺牲地立碑纪念，题额“永垂不朽”，正面铭刻“朱瑞将军，解放义县，不幸牺牲，人人感念，碧血丹心，昭然可见，立此碑碣，永垂风范”。背面阴刻楷额“万古流芳”。

1953年10月，在朱瑞牺牲五周年之际，哈尔滨市人民为了永远纪念朱瑞，在墓地原址重新修建了朱瑞墓，作为陵园中心的主墓。

1984年5月，胡耀邦作出指示：“朱瑞同志是解放战争牺牲的职务最高的领导干部，要修一个纪念碑，修一个高高的。”两年后，胡耀邦到锦州、兴城视察时再次强调：“朱瑞是解放战争时期，我军牺牲的最高将领，朱瑞碑要修得高高的、大大的”，“修建完工后我再来。”

1987年9月27日，朱瑞陵园在义县城关乡后杨村北面落成。正中央耸立着由杨尚昆题写的“朱瑞同志纪念碑”。

1988年9月27日，经中央军委批准，中国人民解放军总参谋部炮兵部隆重举行纪念朱瑞牺牲40周年大会。副总参谋长韩怀智，原军委炮兵司令员宋承志，副司令员苏进等出席。韩怀智代表总参谋长迟浩田在讲话中对朱瑞一生的光辉业绩作了高度评价。10月11日，中共黑龙江省委、省人民政府、省军区，在哈尔滨烈士陵园隆重举行朱瑞将军牺牲40周年暨铜像揭幕仪式，中共黑龙江省委副书记、省长侯捷，原军委炮兵副司令员苏进、总政宣传部部长李伟，黑龙江省委、省政府、省军区有关同志及朱瑞夫人潘彩琴和两个女儿朱淮北、朱东北参加揭幕仪式并敬献花圈。

1991年11月2日，在东北解放战争43周年纪念日上，锦州辽沈战役纪念馆为朱瑞将军汉白玉巨幅雕像举行了隆重的揭幕仪式。1994年，中央文献研究室编著完成《朱瑞传》《怀念朱瑞》，由中央文献出版社出版。2006年11月29日，朱瑞将军塑像落成典礼仪式在义县火车站站前广场隆重举行。

2009 年 7 月 28 日，锦州市隆重举办“朱瑞将军殉难地”新碑石落成典礼。此碑石长 11.3 米，宽 1.2 米，高 2.2 米。碑名由中国人民解放军原炮兵司令员宋承志将军题写。此碑石将作为永久性的爱国主义教育基地。9 月，经中央批准，在中央宣传部、中央组织部、中央统战部、中央文献研究室、中央党史研究室、民政部、人力资源和社会保障部、全国总工会、共青团中央、全国妇联、解放军总政治部等 11 个部门联合组织开展的评选“100 位为新中国成立作出突出贡献的英雄人物”活动中，朱瑞作为“人民炮兵的奠基者”入选。

2012 年 7 月，为寄托家乡人民对先烈的缅怀之情，朱瑞故居在宿迁市宿城区龙河镇“将军里”建成，并对外开放。2013 年 8 月 1 日，朱瑞将军纪念馆开馆仪式在江苏省宿迁市宿城区举行。

# 后　记

硝烟散去，英雄已逝。但中国人民永远不会忘记为中华民族解放事业作出贡献的英雄们，永远不会忘记为今日和平浴血奋战、以身殉国的烈士们。英雄的故事不会结束，英雄的精神永不过时。新时代呼唤新的英雄，让我们自觉传承弘扬爱国主义和革命英雄主义精神，培养爱国之情，砥砺强国之志，实践报国之行，在建设中国特色社会主义的伟大实践中书写人生的华彩乐章。

本书在充分吸收借鉴前人研究成果的基础上，结合中国革命发展历史，从朱瑞波澜壮阔的抗日救国人生历程中，选取最具代表性的英雄事迹和最能感动人鼓舞人的英雄故事，在充分尊重史实的前提下，编写成本书，力求把人物融入历史，把精神贯入故事，把故事汇入时代，让读者更好地走进英雄、感知英雄，在重温那段血雨腥风的岁月中，体悟英雄模范在革命战争年代的那种坚定信仰和伟大精神。

在编写过程中，得到军事科学院军队政治工作研究院领导、机关的大力支持，赵一平、康月田、张明金、李平、李博、陈政举、别良杰等多位军史专家进行了审读，提出了宝贵的意见。

主要参考的书籍和资料有：当代中国人物传记丛书《朱瑞传》(中央文献出版社 1994 年 10 月出版)，《怀念朱瑞》(中央文献出版社 1994 年 10 月出版)，100 位为新中国成立作出突出贡献的英雄模范人物《朱瑞》(春明编著 / 吉林文史出版社 2011 年 4 月出版)，《朱瑞在山东》(山东文艺出版社 1998 年 12 月出版)，《朱瑞将军》(中央文献出版社 2008 年 9 月出版)，《山东抗战记事》(山东人民出版社 2015 年 8 月出版)，《沂蒙革命故事选编》(李洪彦等主编 / 山东人民出版社 2015 年 4 月出版) 等。

在此，谨向关心和帮助过的各位领导、专家学者，以及上述作者、编辑致以最诚挚的谢意！

**图书在版编目（CIP）数据**

朱瑞 / 军事科学院解放军党史军史研究中心编. --北京：学习出版社，2022.11
（中华先烈人物故事汇）
ISBN 978-7-5147-1114-1

Ⅰ.①朱…　Ⅱ.①军…　Ⅲ.①朱瑞（1905-1948）—生平事迹　Ⅳ.①K825.2

中国版本图书馆CIP数据核字（2021）第278771号

# 朱　瑞

**ZHU RUI**

军事科学院解放军党史军史研究中心

责任编辑：张　俊　　封面绘画：刘书移
技术编辑：刘　硕　　内文插图：韩新维
美术编辑：杨　洪　　装帧设计：壹读闻话

出版发行：学习出版社
北京市东城区崇外大街11号新成文化大厦B座11层（100062）
010-66063020　010-66061634　010-66061646
网　　址：http://www.xuexiph.cn
经　　销：新华书店
印　　刷：北京中科印刷有限公司

开　　本：787毫米×1092毫米　1/32
印　　张：5.125
字　　数：72千字
版次印次：2022年11月第1版　2022年11月第1次印刷

书　　号：ISBN 978-7-5147-1114-1
定　　价：20.00元